REIHE WINKLER
MEISTERWERKE DER
WELTLITERATUR

Carlo Goldoni

Carlo Goldoni

Der Diener zweier Herren

Mirandolina

Winkler Verlag München

Der Diener zweier Herren (Il servitore di due padroni),
Mirandolina. Aus dem Italienischen, Venezianischen,
Bergamaskischen übertragen von Heinz Riedt.
ISBN 3 538 06204 8

CIP-Kurztitelaufnahme der Deutschen Bibliothek
Goldoni, Carlo: Der Diener zweier Herren. Mirandolina /
Carlo Goldoni. Aus d. Ital., Venezian. u. Bergamask.
übertr. von Heinz Riedt. — München : Winkler, 1981.
(Reihe Winkler) Einheitssacht.: Il servitore di
due padroni ⟨dt.⟩ Einheitssacht. d. beigef. Werkes:
La locandiera ⟨dt.⟩ ISBN 3-538-06204-8
NE: Goldoni, Carlo: [Sammlung ⟨dt.⟩]

Verlegt 1981 im Winkler Verlag München.
Schutzumschlagentwurf: Max Bollwage.
Gesamtherstellung: Welsermühl, Wels.
Printed in Austria.

DER DIENER ZWEIER HERREN

IL SERVITORE DI DUE PADRONI

(italienisch, venezianisch, bergamaskisch)

1745

Komödie in drei Akten

Personen

Pantalone de' Bisognosi
Clarice, *dessen Tochter*
Der Dottore Lombardi
Silvio, *dessen Sohn*
Beatrice, *eine Turinerin; in Männerkleidung unter dem Namen* Federigo Rasponi
Florindo Aretusi, *ein Turiner; ihr Liebhaber*
Brighella, *Wirt*
Smeraldina, *Clarices Kammermädchen*
Truffaldino, *Beatrices, dann Florindos Diener*
Ein Kellner
Ein Diener Pantalones
Zwei Träger
Stumme Bediente des Gasthauses

Ort der Handlung: Venedig

ERSTER AKT

Erste Szene

Ein Zimmer in Pantalones Haus.

Pantalone, *der* Dottore, Clarice, Silvio, Brighella, Smeraldina *und ein* Diener *Pantalones.*

silvio *zu Clarice, ihr die Hand reichend:* Hier ist meine Rechte, und damit schenke ich Euch mein ganzes Herz.

pantalone *zu Clarice:* Los, geniert Euch nicht. Gebt ihm Eure Hand. Damit seid Ihr verlobt, und bald werdet Ihr auch verheiratet sein.

clarice: Ja, lieber Silvio, hier habt Ihr meine Rechte. Ich will Eure Frau sein.

silvio: Und ich will Euer Mann sein. *Reichen sich die Hand.*

dottore: Ausgezeichnet, das haben wir also auch geschafft. Jetzt gibt es kein Zurück mehr.

smeraldina *für sich:* Feine Sache! Ich hätte selbst die allergrößte Lust dazu.

pantalone *zu Brighella und zum Diener:* Ihr beide seid Zeugen dieser Verlobung, die zwischen meiner Tochter Clarice und Sior* Silvio stattgefunden hat, dem wohllöblichen Sohne unseres Sior Dottore Lombardi.

brighella *zu Pantalone:* Jawohl, Sior Gevatter, und ich bedank mich auch für die Ehre, die Sie mir zu erweisen geruhten.

pantalone: Na ja, ich bin doch Gevatter bei Eurer Hochzeit gewesen, und nun seid Ihr Zeuge bei der Hochzeit meiner

* In einem Teil seiner Komödien verwendet Goldoni den venezianischen Dialekt. Daher wurden auch in der Übersetzung einige Anredeformen, wie Siór, Sióra, Parón und andere, nicht italienisiert, sondern in der venezianischen Form beibehalten (Anmerkung des Übersetzers).

Tochter. Ich hab keine Gevattern und Verwandten einladen wollen, und der Sior Dottore ist der gleichen Ansicht wie ich: wir mögen die Dinge viel lieber ohne Geschrei und ohne Aufwand. Wir werden zusammen essen und uns miteinander freuen, und keiner soll uns dabei stören. *Zu Clarice und Silvio:* Was meint ihr, Kinder, ist's recht so?

SILVIO: Ich will nichts anderes als mit meiner lieben Braut zusammensein.

SMERALDINA *für sich:* Natürlich, das ist die beste Kost!

DOTTORE: Mein Sohn will nicht hoch hinaus. Er ist ein Junge, der sein Herz auf dem rechten Fleck hat. Er liebt Eure Tochter und denkt an nichts anderes mehr.

PANTALONE *zu Silvio hin:* Es muß schon gesagt werden, daß diese Heirat vom Himmel bestimmt war. Wäre nämlich mein Geschäftsfreund in Turin, der Sior Federigo Rasponi, dem ich doch meine Tochter versprochen hatte, nicht gestorben, dann hätte sie mein lieber Herr Schwiegersohn nicht bekommen.

SILVIO: Ich kann gewiß sagen, daß ich vom Glück begünstigt bin. Nur weiß ich nicht, ob die Signora Clarice derselben Meinung ist.

CLARICE: Lieber Silvio, da tut Ihr mir Unrecht. Ihr wißt doch, daß ich Euch liebe. Um meinem Vater zu gehorchen, hätte ich auch jenen Turiner geheiratet, aber mein Herz ist immer für Euch gewesen.

DOTTORE *zu Pantalone:* Es hat schon seine Richtigkeit: wenn der Himmel etwas bestimmt hat, dann läßt er's auf ungeahnten Wegen zustande kommen. Woran ist eigentlich Federigo Rasponi gestorben?

PANTALONE: Der arme Kerl! Nachts hat man ihn umgebracht, wegen seiner Schwester ... Was weiß ich! Man hat ihm eine Wunde geschlagen, und er ist auf dem Platz geblieben.

BRIGHELLA *zu Pantalone:* Ist diese Tat in Turin geschehen?

PANTALONE: Ja, in Turin.

BRIGHELLA: Ach, der arme Signore! Das tut mir furchtbar leid.

PANTALONE *zu Brighella:* Habt Ihr vielleicht den Sior Federigo Rasponi gekannt?

BRIGHELLA: Natürlich hab ich ihn gekannt. Ich bin drei Jahre in Turin gewesen und habe auch seine Schwester gekannt. Ein gescheites und mutiges Mädchen; sie hat Männerkleider angezogen und ist zu Pferd geritten, und er hat seine Schwester über alles geliebt. Ach, wer hätte das jemals gesagt!

PANTALONE: Ja, ja! Ein Unglück ist schnell geschehen! Aber sprechen wir nicht von traurigen Dingen. Wißt Ihr, was ich Euch jetzt sagen will, mein lieber Herr Brighella? Ihr zeigt Euch doch gern als Meister der Küche; nun möcht ich, daß Ihr uns ein paar Gerichte nach Euerm Geschmack zusammenstellt.

BRIGHELLA: Da bin ich Ihnen gern zu Diensten. Und es sind keine leeren Worte, wenn ich behaupte, daß in meiner Wirtschaft noch jeder zufrieden gewesen ist. Es heißt allgemein, daß man nirgends so gut ißt wie bei mir. Sie sollen schon etwas Schmackhaftes bekommen.

PANTALONE: Sehr gut. Aber auch eine Brühe, wißt Ihr, damit man das Brot eintunken kann. *Es wird geklopft.* Oho, man klopft. Schau mal nach, wer da ist, Smeraldina.

SMERALDINA: Gleich. *Geht und kommt wieder.*

CLARICE: Herr Vater, Ihr erlaubt doch.

PANTALONE: Einen Augenblick, wir gehen gleich alle. Hören wir erst, wer da ist.

SMERALDINA *zurückkommend:* Signore, draußen steht der Diener eines Fremden; er will Ihnen was ausrichten. Mir hat er nichts sagen wollen. Er will den Hausherrn persönlich sprechen.

PANTALONE: Sag ihm, daß er hereinkommen soll. Dann hören wir schon, was er will.

SMERALDINA: Ich laß ihn herein. *Ab.*

CLARICE: Aber ich will doch lieber gehen, Herr Vater.

PANTALONE: Wohin?

CLARICE: Ich weiß nicht. In mein Zimmer.

PANTALONE: Nein, Signora, nein. Ihr bleibt hier. *Leise zum Dottore:* Mir ist's gar nicht recht, daß wir diese Brautleute jetzt schon allein lassen.

DOTTORE *leise zu Pantalone:* Das ist weise und vernünftig.

Zweite Szene

Truffaldino, Smeraldina *und* die Vorigen.

TRUFFALDINO: Allen anwesenden Herrschaften meine ergebenste Reverenz! Ach, was für eine schöne Gesellschaft! Und was für eine schöne Unterhaltung!

PANTALONE *zu Truffaldino:* Wer seid Ihr, mein Freund? Und was wünscht Ihr?

TRUFFALDINO *zu Pantalone, auf Clarice deutend:* Wer ist denn diese reizende Signora?

PANTALONE: Meine Tochter.

TRUFFALDINO: Das freut mich.

SMERALDINA *zu Truffaldino:* Und Braut ist sie auch.

TRUFFALDINO *zu Smeraldina:* Das ist aber nett. Und wer sind Sie?

SMERALDINA: Ich bin ihr Kammermädchen, Signore.

TRUFFALDINO: Gratuliere.

PANTALONE: Na, Sior, hört schon auf mit den Förmlichkeiten. Was wollt Ihr von mir? Wer seid Ihr? Wer hat Euch hergeschickt?

TRUFFALDINO: Gemach, gemach; und nicht so aufgeregt. Drei Fragen auf einmal sind zuviel für einen armen Menschen.

PANTALONE *leise zum Dottore:* Ich glaub, der Kerl ist ein Trottel.

DOTTORE *leise zu Pantalone:* Ich halt ihn eher für einen Spaßvogel.

TRUFFALDINO *zu Smeraldina:* Sind Euer Wohlgeboren die Braut?

SMERALDINA *seufzend:* Oh, nein, Signore!

PANTALONE: Wollt Ihr mir jetzt sagen, wer Ihr seid, oder wollt Ihr Euch wieder fortscheren?

TRUFFALDINO *zu Pantalone:* Wenn Sie von mir nur zu erfahren wünschen, wer ich bin, dann ist das mit ein paar Worten abgetan. Ich bin der Diener meines Herrn. *Sich an Smeraldina wendend:* Also, um auf das Thema zurückzukommen ...

PANTALONE: Wer ist denn überhaupt Euer Herr?

TRUFFALDINO *zu Pantalone:* Ein Fremder, der Sie besuchen will. *Zu Smeraldina, wie oben:* Über den Brautstand sprechen wir noch.

PANTALONE: Wer ist dieser Fremde? Wie heißt er?

TRUFFALDINO *zu Pantalone:* Ach, das ist eine lange Leier. Mein Herr ist der Sior Federigo Rasponi aus Turin, der Ihnen seine Hochachtung entbieten läßt und eigens hierhergekommen ist und unten steht und Ihnen das ausrichten läßt und darauf wartet, daß ich ihm Antwort bring. Sind Sie jetzt zufrieden? Wollen Sie noch was wissen? *Alle bekunden ihr Erstaunen. Zu Smeraldina, wie oben:* Kommen wir auf uns zurück.

PANTALONE: So kommt doch her und sprecht mit mir! Was zum Teufel habt Ihr da gesagt?

TRUFFALDINO: Und wenn Sie noch wissen wollen, wer ich bin: ich bin der Truffaldino Batocchio aus dem bergamaskischen Land.

PANTALONE: Wer Ihr seid, interessiert mich nicht. Ihr sollt mir jetzt noch mal sagen, wer Euer Herr ist. Ich fürchte, ich hab nicht recht verstanden.

TRUFFALDINO: Armer alter Mann! Wahrscheinlich ist er schwerhörig. Mein Herr ist der Sior Federigo Rasponi aus Turin.

PANTALONE: Macht, daß Ihr weiterkommt, Ihr seid ja verrückt! Sior Federigo Rasponi aus Turin ist tot.

TRUFFALDINO: Tot?

PANTALONE: Natürlich ist er tot. Schade um ihn.

TRUFFALDINO *für sich:* Teufel! Ob mein Herr tot ist? Ich hab ihn doch lebendig unten stehenlassen! *Zu Pantalone:* Sagen Sie das im Ernst, daß er tot ist?

PANTALONE: Ich behaupte felsenfest, daß er tot ist.

DOTTORE: Jawohl, es ist die Wahrheit. Er ist gestorben; daran ist nicht zu rütteln.

TRUFFALDINO *für sich:* Ach, mein armer Herr! Bestimmt ist ihm was passiert. *Zu Pantalone:* Sie erlauben. *Will sich verabschieden.*

PANTALONE: Sonst wollt Ihr nichts von mir?

TRUFFALDINO: Wenn er tot ist, brauch ich sonst nichts mehr. *Für sich:* Ich will doch mal sehen, ob das stimmt. *Geht und kommt dann wieder.*

PANTALONE: Für was sollen wir ihn jetzt halten? Für einen Schlaukopf oder für einen Narren?

DOTTORE: Ich weiß nicht recht. Anscheinend hat er von beiden etwas.

BRIGHELLA: Ich halt ihn eher für ein bißchen naiv. Er ist Bergamaske, und ich kann mir nicht denken, daß er ein Gauner ist.

SMERALDINA: Witz hat er auch. *Für sich:* Er gefällt mir ganz gut, der kleine Schwarzkopf.

PANTALONE: Aber was soll nun diese Geschichte mit dem Sior Federigo?

CLARICE: Wäre er wirklich hier, dann wäre das eine allzu bittere Nachricht für mich.

PANTALONE *zu Clarice:* So eine Ungereimtheit! Ihr habt doch ebenfalls die Briefe gelesen!

SILVIO: Und wenn er auch lebt und hier ist, dann ist er doch zu spät gekommen!

TRUFFALDINO *zurückkommend:* Ich muß mich recht sehr über die Herrschaften wundern. So behandelt man nicht arme Menschen. So hintergeht man nicht Fremde. Ehrenmänner benehmen sich nicht so. Und ich will Genugtuung dafür haben.

PANTALONE *für sich:* Natürlich ist der verrückt! *Zu Truffaldino:* Was denn? Was hat man Euch denn angetan?

TRUFFALDINO: Mir vorzumachen, daß der Sior Federigo Rasponi tot ist!

PANTALONE: Na und?

TRUFFALDINO: Na und: er ist hier, lebendig, bei guter Gesundheit, geistreich und witzig, und er will Ihnen seine Aufwartung machen, wenn's Ihnen recht ist.

PANTALONE Der Sior Federigo?

TRUFFALDINO: Der Sior Federigo.

PANTALONE: Rasponi?

TRUFFALDINO: Rasponi.

PANTALONE: Aus Turin?

TRUFFALDINO: Aus Turin.

PANTALONE: Lieber Mann, geht ins Irrenhaus, Ihr seid ja verrückt!

TRUFFALDINO: Teufel! Sie bringen mich noch zum Fluchen, als wär ich ein Spieler! Jawohl, und wenn er jetzt hier ist, im Haus, im Zimmer, dann soll er Sie auch gleich holen!

PANTALONE: Ich hau Euch eine runter!

DOTTORE: Nicht doch, Signor Pantalone, tut lieber etwas anderes; sagt ihm, er soll diesen Jemand herbringen, den er für Federigo Rasponi hält.

PANTALONE: Nun, dann laßt diesen wiederauferstandenen Toten hereinkommen.

TRUFFALDINO *aufgebracht zu Pantalone:* Daß er gestorben und wiederauferstanden ist, kann schon möglich sein, dagegen hab ich auch nichts. Jedenfalls ist er jetzt lebendig, und das werden Sie mit eigenen Augen feststellen. Ich sag ihm, daß er nun kommen soll. Und für Sie soll's eine Lehre sein, wie man Fremde behandelt, Menschen meines Schlags, anständige Bergamasken! *Zu Smeraldina, beiseite:* Jungfer, wir sprechen uns noch.

CLARICE *leise zu Silvio:* Mein Silvio, ich zittere wie Espenlaub!

SILVIO *leise zu Clarice:* Seid unbesorgt, Ihr werdet auf jeden Fall die Meine sein!

DOTTORE: Nun werden wir die Wahrheit kennenlernen.

PANTALONE: Vielleicht kommt irgendein Gauner und will mir einen Unsinn weismachen.

BRIGHELLA: Wie ich Ihnen schon sagte, Herr Gevatter, ich

hab den Sior Federigo gekannt: ist er's, dann merk ich's schon.

SMERALDINA *für sich:* Und doch sieht mir dieser kleine Schwarzkopf gar nicht wie ein Schwindler aus. Ich will doch mal sehen, ob ich ... *Zu den andern:* Mit Verlaub, die Herrschaften. *Ab.*

Dritte Szene

Beatrice *in Männerkleidern, unter dem Namen Federigo, und* die Vorigen.

BEATRICE: Signor Pantalone, die Höflichkeit, die ich stets in Euern Briefen bewunderte, entspricht keineswegs der Behandlung, die Ihr mir persönlich zuteil werden laßt. Ich schicke Euch meinen Diener, ich lasse mich anmelden, und Ihr laßt mich im Freien stehen und geruht erst nach einer halben Stunde, mich hereinzubitten!

PANTALONE: Entschuldigen Sie ... Aber wer sind Sie denn, mein Herr?

BEATRICE: Federigo Rasponi aus Turin, wenn Ihr gestattet. *Alle geben ihrer Verwunderung Ausdruck.*

BRIGHELLA *für sich:* Was seh ich? Was soll das heißen? Das ist doch nicht der Federigo, sondern seine Schwester, die Siora Beatrice. Ich bin nur gespannt, was die Verstellung bezweckt.

PANTALONE: Das wundert mich aber ... Ich freu mich, Sie so gesund und lebendig zu sehen, obwohl wir böse Kunde hatten. *Leise zum Dottore:* Aber ich glaub's ihm noch nicht, wißt Ihr.

BEATRICE: Ich weiß: man hat gesagt, ich sei im Verlauf einer Rauferei ums Leben gekommen. Gottlob wurde ich nur verwundet, und kaum war ich wiederhergestellt, unternahm ich sofort diese Reise nach Venedig, die schon lange mit Euch abgesprochen war.

PANTALONE: Ich weiß nicht, was ich dazu sagen soll. Sie sehen wohl nach einem Ehrenmann aus, aber ich hab sichere und zuverlässige Nachrichten, daß der Sior Federigo gestorben ist. Sie verstehen ... wenn Sie mir keinen Gegenbeweis liefern ...

BEATRICE: Euer Zweifel ist gerechtfertigt; ich weiß, daß es an mir ist, mich auszuweisen. Hier habt Ihr vier Briefe, die Eure Geschäftsfreunde geschrieben haben; der eine ist von unserm Bankvorsteher. Ihr werdet die Unterschriften erkennen und Euch von meiner Person überzeugen. *Überreicht Pantalone vier Briefe, die dieser für sich liest.*

CLARICE *leise zu Silvio:* Ach, Silvio, wir sind verloren!

SILVIO *leise zu Clarice:* Mein Leben will ich verlieren, aber nicht Euch.

BEATRICE *für sich, Brighella sehend:* Oh! Der Brighella ist da? Wie ist der nur hierhergekommen? Bestimmt wird er mich wiedererkennen; wenn er mich nur nicht verrät! *Laut zu Brighella:* Mein Freund, ich glaube, wir kennen uns.

BRIGHELLA: Jawohl, Signore. Erinnern Sie sich nicht mehr an den Brighella Cavicchio in Turin?

BEATRICE *an Brighella herantretend:* Ach ja, jetzt erkenne ich Euch wieder. Lieber Mann, was macht Ihr denn in Venedig? *Leise zu Brighella:* Um Gottes willen, verratet mich nicht.

BRIGHELLA *leise zu Beatrice:* Da können Sie ganz unbesorgt sein. *Laut zu Beatrice:* Ich mach den Gastwirt, zu dienen.

BEATRICE: Oh, ausgezeichnet! Da ich schon das Vergnügen habe, Euch zu kennen, will ich auch in Euerm Gasthaus Logis nehmen.

BRIGHELLA: Das soll mir eine Ehre sein. *Für sich:* Da steckt doch bestimmt irgendeine Machenschaft dahinter.

PANTALONE: Ich hab alles zur Kenntnis genommen. Gewißlich sind dies Begleitbriefe für den Sior Federigo Rasponi, und da ich sie von Ihnen überreicht bekam, müßte man annehmen, daß Sie ... sind, was diese Briefe sagen.

BEATRICE: Sollte Euch noch irgendein Zweifel geblieben sein: hier steht Messer Brighella; er kennt mich und kann Euch bezeugen, daß ich es bin.

BRIGHELLA: Selbstverständlich, Herr Gevatter, ich bezeuge es Ihnen.

PANTALONE: Nun, da mir diese Versicherung nicht nur von den Briefen, sondern auch von meinem Gevatter Brighella kommt, so freut mich das für Sie, lieber Sior Federigo; und ich bitte um Vergebung, wenn ich gezweifelt habe.

CLARICE: Herr Vater, ist das nun der Signor Federigo Rasponi?

PANTALONE: Ja, er ist es.

CLARICE *leise zu Silvio:* Ich Unglückliche, was wird jetzt aus uns werden?

SILVIO *leise zu Clarice:* Ihr braucht doch keine Angst zu haben. Ihr seid die Meine, und ich verteidige Euch.

PANTALONE *leise zum Dottore:* Was meint Ihr, Dottore, ist er pünktlich eingetroffen?

DOTTORE: Accidit in puncto, quod non contingit in anno*.

BEATRICE *auf Clarice weisend:* Signor Pantalone, wer ist diese Signora?

PANTALONE: Das ist meine Tochter Clarice.

BEATRICE: Die mir zur Frau bestimmt ist?

PANTALONE: Ja, Sior, eben die. *Für sich:* Jetzt bin ich ganz schön in der Klemme.

BEATRICE *zu Clarice:* Signora, gestattet mir, Euch meine Ehrerbietung auszusprechen.

CLARICE *mit Zurückhaltung:* Ergebenste Dienerin.

BEATRICE *zu Pantalone:* Sie empfängt mich recht kühl.

PANTALONE: Was kann man da machen? Sie ist von Natur aus schüchtern.

BEATRICE *zu Pantalone, auf Silvio deutend:* Und dieser Signore gehört wohl zu Eurer Verwandtschaft?

PANTALONE: Jawohl, Sior, er ist ein Neffe von mir.

SILVIO *zu Beatrice:* Nein, Signore, ich bin durchaus nicht sein Neffe, ich bin der Bräutigam der Signora Clarice.

DOTTORE *leise zu Silvio:* Gut gemacht! Verliere nur nicht

* (lat.) In einem Augenblick ereignet sich, was im Verlaufe eines Jahres nicht geschah (Anmerkung des Übersetzers).

deine Fassung. Sag deine Meinung, aber laß dich nicht hinreißen.

BEATRICE: Wie! Ihr seid der Bräutigam der Signora Clarice? Ist sie nicht mir bestimmt?

PANTALONE: Aber, aber! Ich erklär's ja schon! Lieber Sior Federigo, die traurige Kunde von Ihrem Tod galt als sicher, und so hab ich meine Tochter dem Sior Silvio gegeben; das ist auf der ganzen Welt kein Unrecht. Schließlich sind Sie ja noch rechtzeitig gekommen. Wenn Sie wollen, dann gehört Clarice Ihnen, und ich steh hier zu meinem Wort. Sior Silvio, ich weiß nicht, was ich Ihnen noch sagen soll. Sie sehen ja selbst, wie es sich verhält. Sie wissen ja, was ich Ihnen gesagt habe, und Sie können sich auch nicht über mich beklagen.

SILVIO: Aber der Signor Federigo wird sich wohl kaum mit einer Braut abfinden wollen, die einem andern ihre Hand gegeben hat.

BEATRICE: So delikat bin ich nun wieder nicht. Ich nehme sie trotzdem. *Für sich:* Ich will mir auch einen kleinen Spaß gönnen.

DOTTORE *für sich:* Was für ein moderner Ehemann! Gar nicht so übel!

BEATRICE: Ich hoffe, die Signora Clarice wird meine Hand nicht zurückweisen.

SILVIO: Nun, Signore, da sind Sie zu spät gekommen! Die Signora Clarice muß die Meine werden, und Sie brauchen sich gar keine Hoffnung zu machen, daß ich sie Ihnen abtrete. Wenn mir der Signor Pantalone Unbill zufügt, dann zahle ich ihm das heim; und wer Clarice haben will, muß sie mir erst mit diesem Degen streitig machen! *Ab.*

DOTTORE *für sich:* Verflixt, das war gut!

BEATRICE *für sich:* Nein, nein, auf solche Art will ich nicht umkommen!

DOTTORE: Mein Herr, Euer Gnaden sind ein bißchen zu spät gekommen. Die Signora Clarice muß meinen Sohn heiraten. Das Gesetz spricht eine klare Sprache: Prior in tempore, potior in jure*. *Ab.*

BEATRICE *zu Clarice:* Und Ihr, Jungfer Braut, sagt nichts dazu?

CLARICE: Ich sage, daß Ihr gekommen seid, um mich zu quälen! *Ab.*

Vierte Szene

Pantalone, Beatrice *und* Brighella, *dann Pantalones* Diener.

PANTALONE: Was, du Schamlose? Was hast du da gesagt? *Will hinter ihr her.*

BEATRICE: Bleibt nur, Signor Pantalone; ich verzeih ihr. Es ist zweckmäßig, sie nicht so hart anzufassen. Mit der Zeit hoffe ich mir noch ihr Wohlwollen zu erringen. Inzwischen wollen wir uns der Abrechnung unserer Geschäfte zuwenden; Ihr wißt ja, daß dies einer der beiden Gründe ist, die mich zur Reise nach Venedig veranlaßt haben.

PANTALONE: Was unsere Abrechnung betrifft, so ist alles in bester Ordnung. Ich werde Ihnen das Kontokorrent vorlegen. Das Geld ist bereitgestellt, und wenn Sie wollen, können wir den Saldo machen.

BEATRICE: Ich werde Euch in größerer Ruhe meine Aufwartung machen. Wenn Ihr gestattet, will ich jetzt mit Brighella einige Kleinigkeiten erledigen, um die man mich gebeten hat. Er kennt sich in der Stadt aus und kann mir bei meinen Gängen behilflich sein.

PANTALONE: Ganz, wie Sie wünschen; und wenn Sie irgend etwas brauchen sollten, ich stehe zu Ihrer Verfügung.

BEATRICE: Ihr tut mir einen Gefallen, wenn Ihr mir etwas Geld gebt; ich habe keines mitgenommen, um vor Schaden sicher zu sein.

PANTALONE: Gern. Das will ich tun. Mein Kassierer ist jetzt

* (lat.) Wer zuerst kommt, mahlt zuerst (Anmerkung des Übersetzers).

nicht da. Wenn er kommt, schicke ich Ihnen das Geld ins Haus. Sie wohnen doch bei meinem Gevatter Brighella?

BEATRICE: Natürlich gehe ich zu ihm. Ich schicke Euch dann meinen Diener; er ist sehr zuverlässig, und man kann ihm alles anvertrauen.

PANTALONE: Ausgezeichnet. Ich werde Ihnen zu Diensten sein, wie Sie es wünschen; aber vielleicht haben Sie auch Lust, hier bei mir noch eine Kleinigkeit zu sich zu nehmen.

BEATRICE: Für heute danke ich Euch. Ich werde Euch ein andermal in Anspruch nehmen.

PANTALONE: Ich werde Sie also erwarten.

DIENER *zu Pantalone:* Signore, man wünscht Sie.

PANTALONE: Wer?

DIENER: Drüben ... ich weiß nicht recht ... *Leise zu Pantalone:* Da herrscht große Verwirrung.

PANTALONE: Ich komm sofort. *Zu Beatrice:* Sie erlauben doch. Entschuldigen Sie, wenn ich Sie nicht zur Tür bringe. *Zu Brighella:* Brighella, Ihr wißt ja hier Bescheid; kümmert Euch um den Sior Federigo.

BEATRICE: Macht Euch um mich keine Sorgen.

PANTALONE: Ich muß gehen. Empfehl mich bestens. *Für sich:* Daß mir da bloß kein Unfug passiert! *Ab.*

Fünfte Szene

Beatrice *und* Brighella.

BRIGHELLA: Darf man erfahren, Siora Beatrice? ...

BEATRICE: Sprecht leise, um Gottes willen, und verratet mich nicht. Mein armer Bruder ist tot, umgekommen durch die Hand Florindo Aretusis oder durch einen andern seinetwegen. Gewiß ist Euch erinnerlich, daß Florindo mich liebte und mein Bruder dagegen war, daß ich diese Liebe erwiderte. Ich weiß nicht, wie sie aneinandergerieten: Federigo starb, und Florindo floh aus Furcht vor der Justiz, ohne mir adieu sagen zu können. Der Himmel ist Zeuge, wie sehr ich den Tod meines armen Bruders bedaure und wie viele Tränen ich um ihn vergossen habe; aber nun ist nichts mehr daran zu ändern, und mich schmerzt der Verlust Florindos. Ich weiß, daß er sich nach Venedig begeben hat, und so habe ich beschlossen, ihm zu folgen. Jetzt bin ich in meines Bruders Kleidern und mit seinem Beglaubigungsschreiben hier und hoffe, den Geliebten wiederzufinden. Auf jene Schreiben und viel mehr noch auf Eure Beteuerung hin hält mich der Signor Pantalone bereits für Federigo. Wir werden unsere Konten abrechnen, ich werde Geld bekommen, und so kann ich auch Florindo helfen, falls er es nötig hat. Da könnt Ihr sehen, wohin die Liebe führt! Und nun unterstützt mich, lieber Brighella, helft mir! Es wird Euch reichlich vergolten werden.

BRIGHELLA: Schön und gut; aber ich möcht doch nicht schuld daran sein, daß Ihnen der Sior Pantalone in gutem Glauben das Geld auszahlt und hinterher das Nachsehen hat.

BEATRICE: Wieso das Nachsehen? Bin ich nach dem Tod meines Bruders nicht der Erbe?

BRIGHELLA: Das stimmt schon. Aber warum geben Sie sich dann nicht zu erkennen?

BEATRICE: Wenn ich mich zu erkennen gebe, erreiche ich gar nichts. Pantalone wird mich gleich bevormunden wollen, und alle werden mich damit ärgern, daß so etwas nicht recht ist, daß sich das nicht gehört und was weiß ich noch alles! Ich will meine Freiheit haben. Und wenn sie auch nicht lange dauert, so wird unterdessen doch etwas geschehen.

BRIGHELLA: Na, Signora, Sie sind ja schon immer ein bißchen eigen gewesen. Aber lassen Sie mich nur machen, und rechnen Sie auf mich. Ich will Ihnen gern zu Diensten sein.

BEATRICE: Gehen wir in Euer Gasthaus.

BRIGHELLA: Wo steckt denn Ihr Diener?

BEATRICE: Er wollte mich auf der Straße erwarten.

BRIGHELLA: Wo haben Sie eigentlich diesen Tölpel aufgelesen? Er kann ja nicht mal anständig reden.

BEATRICE: Ich habe ihn unterwegs engagiert. Manchmal glaubt man, er sei töricht, aber das ist er gar nicht; und was die Treue anbetrifft, so kann ich mich nicht beklagen.

BRIGHELLA: Oh, die Treue ist schon was wert. Gehn wir, wenn's beliebt. Was die Liebe nicht alles fertigbringt!

BEATRICE: Das ist noch gar nichts. Die Liebe kann viel Schlimmeres anstellen! *Ab.*

BRIGHELLA: Na, für den Anfang war's nicht schlecht. Wer weiß, wie das noch weitergeht! *Ab.*

Sechste Szene

Straße mit dem Gasthaus Brighellas.

Truffaldino *allein.*

TRUFFALDINO: Jetzt hängt mir aber diese Warterei zum Hals raus! Bei dem Herrn kriegt man wenig zu essen, und nach dem bißchen läßt er mich auch noch seufzen! In der Stadt hat's schon vor einer halben Stunde Mittag geschlagen, und in meinen Gedärmen spür ich schon seit zwei Stunden das Mittagläuten. Wenn ich wenigstens wüßte, wo wir uns einquartieren. Wenn die andern in irgendeine Stadt gekommen sind, dann ging's immer gleich ins Wirtshaus. Der hier denkt gar nicht daran, er läßt sein Gepäck im Postboot, macht Besuche und vergißt dabei seinen armen Diener. Es heißt, man soll seinen Herren mit Liebe dienen! Aber man muß den Herren sagen, daß sie ein bißchen Mitleid mit ihrer Dienerschaft haben sollen. Da ist ein Gasthaus; beinah möcht ich hingehen und nachschauen, ob man was unter die Zähne schieben kann. Aber wenn mich mein Herr sucht? Sein eigener Schaden. Soll er Anstand lernen. Ich will schon hin; aber da fällt mir gerade ein, daß noch ein anderes kleines Hindernis besteht, an das ich nicht gedacht habe: ich hab ja kein bißchen Geld in der Tasche. Ach, armer Truffaldino! Viel lieber als Diener sein, Teufel noch mal, möcht ich ... was denn eigentlich? Oh, du lieber Himmel, ich versteh ja sonst gar nichts!

Siebente Szene

Florindo, *in Reisekleidung, mit* Träger, *der einen Koffer auf dem Rücken trägt, und* der Vorige.

TRÄGER: Ich schaff's nicht mehr; der erdrückt einen ja mit seinem Gewicht.

FLORINDO: Da ist ein Gasthausschild. Kannst du die paar Schritte nicht mehr gehen?

TRÄGER: Hilfe! Der Koffer rutscht ab!

FLORINDO: Ich habe ja gesagt, daß du nicht der geeignete Mann bist. Du bist zu schwächlich, du hast keine Kraft. *Stützt den Koffer auf dem Rücken des Trägers.*

TRUFFALDINO *dem Träger zusehend, für sich:* Vielleicht kann ich mir ein paar Soldi* verdienen. *Zu Florindo:* Signore, können Sie mich nicht gebrauchen? Soll ich Ihnen behilflich sein?

FLORINDO: Lieber Mann, vielleicht helfen Sie, den Koffer in jenes Gasthaus zu tragen.

TRUFFALDINO: Sofort, lassen Sie mich nur machen. Da sehen Sie mal, wie man so was anpackt! Weg mit dir! *Beugt sich unter den Koffer, nimmt ihn ganz alleine auf seinen Rücken und versetzt dem Träger einen Stoß, daß dieser zu Boden fällt.*

FLORINDO: Wunderbar!

TRUFFALDINO: Der wiegt ja auch nichts! *Geht mit dem Koffer ins Gasthaus.*

FLORINDO *zum Träger:* Seht Ihr jetzt, wie man das macht?

TRÄGER: Ich kann nicht mehr. Ich bin nur Träger aus Not; aber mein Vater ist Bürgersmann gewesen.

FLORINDO: Welchen Beruf hat Euer Vater ausgeübt?

TRÄGER: Mein Vater? Er hat die Schafe für die Stadt gehäutet.

* Soldo, pl. Soldi — kleine italienische Kupfermünze (Anmerkung des Übersetzers).

FLORINDO *für sich:* Der ist verrückt; was braucht's da noch! *Will ins Gasthaus gehen.*

TRÄGER: Hochverehrter, ich bitt schön!

FLORINDO: Was ist?

TRÄGER: Das Geld fürs Tragen.

FLORINDO: Was willst du denn für die zehn Schritte? Dort liegt das Postboot! *Zeigt in die Bühne.*

TRÄGER *die Hand ausstreckend:* Ich zähl keine Schritte; geben Sie mir die Bezahlung.

FLORINDO: Da hast du fünf Soldi. *Drückt ihm ein Geldstück in die Hand.*

TRÄGER *immer noch die Hand ausstreckend:* Geben Sie mir die Bezahlung.

FLORINDO: Braucht man da eine Geduld! Da hast du noch fünf. *Wie oben.*

TRÄGER: Geben Sie mir die Bezahlung.

FLORINDO *ihm einen Fußtritt versetzend:* Das ist doch die Höhe!

TRÄGER: Jetzt hab ich die Bezahlung. *Ab.*

Achte Szene

Florindo, *dann* Truffaldino.

FLORINDO: Launen haben die Menschen! Hat er doch tatsächlich darauf gewartet, daß ich ihn malträtiere! Aber nun wollen wir einmal nachsehen, was dies für ein Gasthaus ist ...

TRUFFALDINO: Signore, Sie sind bedient.

FLORINDO: Was ist das für ein Quartier?

TRUFFALDINO: Ein gutes Gasthaus, Signore. Gute Betten, schöne Spiegel und eine wunderschöne Küche mit einem Duft, der eine Wohltat ist. Ich hab mit dem Kellner gesprochen. Sie werden wie ein König bedient werden.

FLORINDO: Was seid Ihr von Beruf?

TRUFFALDINO: Diener.

FLORINDO: Seid Ihr Venezianer?

TRUFFALDINO: Nein, nicht Venezianer, aber zum gleichen Staat gehör ich doch. Bin Bergamaske, zu dienen.

FLORINDO: Habt Ihr im Augenblick einen Herrn?

TRUFFALDINO: Im Augenblick ... eigentlich nicht.

FLORINDO: Ihr seid also ohne?

TRUFFALDINO: Hier steh ich: wie Sie sehen, bin ich ohne. *Für sich:* Mein Herr ist ja nicht da, also lüge ich nicht.

FLORINDO: Würdet Ihr in meine Dienste treten?

TRUFFALDINO: In Ihre Dienste? Warum auch nicht? *Für sich:* Ist der Lohn besser, kann ich mein Hemd wechseln.

FLORINDO: Wenigstens solange ich in Venedig bin.

TRUFFALDINO: Sehr gut. Was wollen Sie mir denn geben?

FLORINDO: Was wollt Ihr haben?

TRUFFALDINO: Das sag ich Ihnen gleich: ein anderer Herr, den ich gehabt habe und hier jetzt nicht mehr habe, hat mir einen Filippo* im Monat und die Spesen gegeben.

FLORINDO: Gut, soviel gebe ich Euch auch.

TRUFFALDINO: Sie müßten mir schon ein kleines bißchen mehr geben.

FLORINDO: Wieviel wollt Ihr denn mehr?

TRUFFALDINO: Nur einen Soldo täglich für Tabak.

FLORINDO: Aber gern; den geb ich Euch.

TRUFFALDINO: Dann bleib ich bei Ihnen.

FLORINDO: Aber ich müßte noch Auskunft über Euch bekommen.

TRUFFALDINO: Wenn Sie sonst nichts wollen als Auskunft über mich, dann gehen Sie ruhig nach Bergamo. Dort sagt Ihnen jeder, wer ich bin.

FLORINDO: Habt Ihr denn keinen Menschen in Venedig, der Euch kennt?

TRUFFALDINO: Ich bin erst heut früh angekommen, Signore.

FLORINDO: Nun denn, Ihr scheint mir ein anständiger Mensch zu sein. Ich will's mit Euch probieren.

TRUFFALDINO: Probieren Sie's nur mit mir, dann werden Sie schon sehen.

* Silbermünze (Anmerkung des Übersetzers).

FLORINDO: Vor allem anderen muß ich sofort wissen, ob auf der Post Briefe für mich liegen. Da habt Ihr einen halben Scudo*. Geht zur Turiner Poststelle und fragt nach, ob Briefe für Florindo Aretusi eingegangen sind; wenn ja, dann nehmt sie in Empfang und bringt sie mir augenblicklich her, ich warte auf Euch.

TRUFFALDINO: Lassen Sie doch inzwischen das Essen anrichten.

FLORINDO: Ja, ganz recht, ich werde anrichten lassen. *Für sich:* Der ist ein Witzbold, aber ich halte ihn nicht für übel. Ich werde ihn schon noch auf die Probe stellen.

Ab ins Gasthaus.

Neunte Szene

TRUFFALDINO, *dann* BEATRICE *in Männerkleidung und* BRIGHELLA.

TRUFFALDINO: Täglich einen Soldo mehr, macht dreißig Soldi im Monat. Es ist gar nicht wahr, daß mir der andere einen Filippo gibt; zehn Paoli** gibt er mir. Schon möglich, daß zehn Paoli dasselbe sind wie ein Filippo, aber so genau weiß ich das nicht. Und überhaupt sehe ich jenen Turiner Herrn gar nicht mehr. Der spinnt ja. Ein junger Kerl ohne Bart und ohne Verstand. Lassen wir ihn doch laufen. Und jetzt gehen wir zur Post für diesen Sior . . .

Will gehen und stößt auf Beatrice.

BEATRICE: Wunderbar! So wartest du also auf mich?

TRUFFALDINO: Da bin ich, Signore. Ich wart immer noch auf Sie.

BEATRICE: Und warum wartest du ausgerechnet hier auf mich und nicht dort auf der Straße, wie ich dir's befahl? Es ist der reine Zufall, daß ich dich wiedergefunden habe.

* Scudo, pl. Scudi — der frühere italienische Taler (Anmerkung des Übersetzers).

** Paolo, pl. Paoli — toskanische Silbermünze (Anmerkung des Übersetzers).

TRUFFALDINO: Ich bin ein bißchen spazierengegangen, damit mir der Hunger vergeht.

BEATRICE: Geh augenblicklich zum Postboot, laß dir meinen Koffer geben und bring ihn in Messer Brighellas Gasthaus ...

BRIGHELLA: Dort ist mein Gasthaus; man kann nicht fehlen.

BEATRICE: Also gut. Mach schnell, ich erwarte dich.

TRUFFALDINO *für sich:* Teufel! In jenes Gasthaus!

BEATRICE: Übrigens kannst du auch gleich zur Turiner Poststelle gehen und nachfragen, ob Briefe für mich angekommen sind. Erkundige dich, ob Briefe für Federigo Rasponi und Beatrice Rasponi da sind. Meine Schwester sollte auch mit mir kommen, ist aber wegen einer Unpäßlichkeit auf unserm Landsitz geblieben. Vielleicht hat ihr irgendeine Freundin geschrieben. Du siehst also nach, ob Briefe für sie oder für mich da sind.

TRUFFALDINO *für sich:* Jetzt weiß ich überhaupt nicht, was ich tun soll. So tief wie ich sitzt kaum einer in der Patsche.

BRIGHELLA *leise zu Beatrice:* Wieso erwarten Sie Briefe unter Ihrem richtigen und Ihrem falschen Namen, wenn Sie doch heimlich abgereist sind?

BEATRICE *leise zu Brighella:* Ich habe einem treuen Diener, der sich inzwischen um mein Haus kümmert, Anweisung gegeben, mir zu schreiben; nun weiß ich nicht, unter welchem Namen er mir schreibt. Aber gehen wir jetzt, ich will Euch noch alles in Ruhe erklären. *Laut:* Beeil dich, geh zur Poststelle und zum Postboot. Hol die Briefe ab und laß den Koffer ins Gasthaus schaffen, ich erwarte dich. *Ab ins Gasthaus.*

TRUFFALDINO *zu Brighella:* Seid Ihr der Wirt von diesem Gasthaus?

BRIGHELLA: Jawohl, der bin ich. Und wenn Ihr Euch anständig aufführt, dann bekommt Ihr auch anständig von mir zu essen.

ZEHNTE SZENE

TRUFFALDINO, *dann* SILVIO.

TRUFFALDINO *sich zum Gehen anschickend:* Jetzt schlägt's dreizehn! So viele sind auf der Suche nach einem Herrn, und ich hab gleich zwei gefunden. Wie zum Teufel soll ich mich jetzt anstellen? Allen beiden kann ich doch nicht dienen! Kann nicht? Und warum eigentlich nicht? Wär's nicht eine wunderbare Sache, alle beide zu bedienen, zweimal Lohn zu bekommen und zweimal zu essen? Schön wär's, wenn sie nichts davon merken würden. Und wenn sie's auch merken, was kann ich schon dabei verlieren? Gar nichts. Schickt mich der eine fort, dann bleib ich beim andern. Bei meiner Ehr, ich will den Versuch machen. Und geht's auch nur einen Tag lang gut, aber ich versuch's. Am Ende hab ich mir dann immer ein hübsches Stückchen geleistet. Nur Mut! Jetzt gehen wir erst mal für alle beide zur Post.

SILVIO *für sich:* Das ist ja der Diener Federigo Rasponis. *Zu Truffaldino:* Guter Mann!

TRUFFALDINO: Signore.

SILVIO: Wo ist Euer Herr?

TRUFFALDINO: Mein Herr? Der ist dort in dem Gasthaus.

SILVIO: Geht augenblicklich zu Euerm Herrn und sagt ihm, daß ich ihn sprechen will; und wenn er ein Mann von Ehre ist, dann soll er herkommen, ich erwarte ihn.

TRUFFALDINO: Aber, lieber Signore ...

SILVIO *mit erhobener Stimme:* Geht augenblicklich!

TRUFFALDINO: Aber wissen Sie, daß mein Herr ...

SILVIO: Keine Widerrede, bei Gott!

TRUFFALDINO: Aber welcher soll denn jetzt kommen? ...

SILVIO: Los, oder es setzt Prügel!

TRUFFALDINO *für sich:* Ich weiß überhaupt nichts; ich schick einfach den ersten, der mir in die Quere kommt. *Ab ins Gasthaus.*

Elfte Szene

Silvio, *dann* Florindo *und* Truffaldino.

SILVIO: Nein, es soll niemals geschehen, daß ich einen Rivalen vor meinen Augen dulde. Wenn Federigo einmal mit dem Leben davongekommen ist, so soll er das gleiche Glück nicht jedesmal haben. Entweder er verzichtet voll und ganz auf Clarice, oder er bekommt es mit mir zu tun ... Aber da tritt jemand anderes aus dem Gasthaus. Ich möchte nicht gestört werden. *Zieht sich auf die entgegengesetzte Seite zurück.*

TRUFFALDINO *zu Florindo, auf Silvio deutend:* Da ist der Sior, der Feuer schnaubt.

FLORINDO *zu Truffaldino:* Ich kenne ihn nicht. Was will er von mir?

TRUFFALDINO: Ich weiß von nichts. Ich geh jetzt die Briefe holen. Mit Verlaub. *Für sich:* Ich will keine Scherereien. *Ab.*

SILVIO *für sich:* Und Federigo erscheint nicht.

FLORINDO *für sich:* Ich will das aufklären. *Zu Silvio:* Signore, Ihr habt nach mir verlangt?

SILVIO: Ich? Ich habe nicht einmal die Ehre, Euch zu kennen.

FLORINDO: Und doch hat mir jener Diener, der eben fortgegangen ist, hinterbracht, daß Ihr mich mit barschem Ton und mit Drohungen herausfordern wolltet.

SILVIO: Da hat er mich mißverstanden. Ich sagte, daß ich mit seinem Herrn sprechen wollte.

FLORINDO: Nun gut, ich bin sein Herr.

SILVIO: Ihr seid sein Herr?

FLORINDO: Unbedingt. Er steht in meinen Diensten.

SILVIO: Dann verzeiht; entweder sieht Euer Diener einem andern ähnlich, den ich heute morgen gesehen habe, oder er dient einem andern Herrn.

FLORINDO: Er dient mir, das könnt Ihr getrost glauben.

SILVIO: Wenn dem so ist, bitte ich nochmals um Verzeihung.

FLORINDO: Keine Ursache. Mißverständnisse kommen immer vor.

SILVIO: Ihr seid hier fremd, Signore?

FLORINDO: Ich bin aus Turin, zu dienen.

SILVIO: Eben aus Turin war auch jener, den ich mir vornehmen wollte.

FLORINDO: Wenn er mein Landsmann ist, kenne ich ihn vielleicht, und hat er Euch beleidigt, so will ich mich gern für Eure gerechte Genugtuung einsetzen.

SILVIO: Ist Euch ein gewisser Federigo Rasponi bekannt?

FLORINDO: Oh! Den hab ich leider gekannt.

SILVIO: Wegen eines Wortes, das er vom Vater bekommen, maßt er sich an, mir die Braut streitig zu machen, die mir heute früh Treue geschworen hat.

FLORINDO: Macht Euch keine Sorgen, mein Freund, Federigo Rasponi kann keinen Anspruch auf Eure Braut erheben. Er ist tot.

SILVIO: Ja, alle dachten, er sei tot; aber heute früh traf er zu meinem Unheil und zu meiner Verzweiflung gesund und lebendig in Venedig ein.

FLORINDO: Signore, Ihr setzt mich in größtes Erstaunen.

SILVIO: Ebenso erging es mir.

FLORINDO: Ich versichere Euch, daß Federigo Rasponi tot ist.

SILVIO: Und ich versichere Euch, daß Federigo Rasponi lebt.

FLORINDO: Ihr täuscht Euch gewiß.

SILVIO: Der Signor Pantalone de' Bisognosi, Vater des Mädchens, hat alles nur Mögliche getan, um sicherzugehen, und besitzt untrügbare Beweise, daß er es tatsächlich ist.

FLORINDO *für sich:* Also ist er doch nicht in der Rauferei umgekommen, wie alle Welt glaubte.

SILVIO: Er oder ich müssen auf Clarices Liebe oder auf das Leben verzichten.

FLORINDO *für sich:* Federigo hier? Ich fliehe vor der Justiz und stehe meinem Feinde gegenüber!

SILVIO: Es ist allerhand, daß Ihr ihn nicht gesehen habt. Er sollte in diesem Gasthaus Logis nehmen.

FLORINDO: Ich habe ihn nicht gesehen. Und man hat mir gesagt, daß hier kein Fremder wohne.

SILVIO: Wahrscheinlich hat er es sich anders überlegt. Signore, verzeiht, wenn ich Euch belästigt habe. Solltet Ihr ihn aber noch sehen, dann sagt ihm bitte, er möge zu seinem Besten jeden Gedanken an eine solche Heirat aufgeben. Ich heiße Silvio Lombardi; ich werde die Ehre haben, Euch meine Aufwartung zu machen.

FLORINDO: Ich werde Eure Freundschaft außerordentlich zu schätzen wissen. *Für sich:* Ich bin völlig verwirrt.

SILVIO: Dürfte ich um Euern Namen bitten?

FLORINDO *für sich:* Ich will mich nicht verraten. *Zu Silvio:* Orazio Ardenti, zu dienen.

SILVIO: Signor Orazio, ergebenster Diener. *Ab.*

Zwölfte Szene

Florindo *allein.*

FLORINDO: Wie ist es nur möglich, daß ihn ein Degenstoß, der ihm seitwärts bis in die Nieren ging, nicht getötet hat? Ich sah ihn selbst ausgestreckt in seinem Blute liegen. Ich vernahm, daß er auf der Stelle verschieden sei. Immerhin wäre es denkbar, daß er nicht gestorben ist. Wahrscheinlich hat die Klinge doch kein lebenswichtiges Organ verletzt. In der Aufregung kann man sich irren. Da ich gleich nach der Tat, die mir wegen unserer Feindschaft zugeschrieben wurde, aus Turin floh, hatte ich keine Möglichkeit mehr, den wahren Sachverhalt zu erfahren. Nun, da er nicht tot ist, kehre ich wohl am besten nach Turin zurück, um meine geliebte Beatrice zu trösten, die vielleicht in größten Ängsten schwebt und meine Abwesenheit beweint.

Dreizehnte Szene

Truffaldino *mit einem andern* Träger, *der Beatrices Koffer trägt, und* der Vorige. *Truffaldino kommt mit dem Träger einige Schritte nach vorn, sieht Florindo und läßt den Träger zurücktreten, damit dieser nicht gesehen wird.*

TRUFFALDINO: Komm nur mit ... Teufel noch mal! Da ist dieser andere Herr! Geh zurück, Kamerad, und warte dort an der Ecke auf mich. *Der Träger zieht sich zurück.*

FLORINDO *für sich:* Jawohl, ich kehre wieder nach Turin zurück.

TRUFFALDINO: Da bin ich, Signore ...

FLORINDO: Truffaldino, willst du mit mir nach Turin?

TRUFFALDINO: Wann?

FLORINDO: Jetzt, sofort.

TRUFFALDINO: Ohne Essen?

FLORINDO: Nein; wir essen, und dann reisen wir ab.

TRUFFALDINO: Sehr schön. Beim Essen überleg ich's mir.

FLORINDO: Bist du auf der Post gewesen?

TRUFFALDINO: Ja, Signore.

FLORINDO: Sind Briefe für mich dagewesen?

TRUFFALDINO: Ja, es sind welche dagewesen.

FLORINDO: Wo sind sie denn?

TRUFFALDINO: Gleich hab ich sie. *Zieht drei Briefe aus seiner Tasche. Für sich:* Teufel! Jetzt hab ich die Briefe von dem einen Herrn mit denen des andern durcheinandergebracht. Wie stell ich's nur an, um die seinen herauszufinden? Ich kann doch nicht lesen.

FLORINDO: Gib mir schon meine Briefe!

TRUFFALDINO: Sofort, Signore. *Für sich:* Ich bin ganz durcheinander. *Zu Florindo:* Ich will Ihnen was sagen, Signore. Die drei Briefe hier sind nicht alle für Eurer Wohlgeboren. Ich bin einem andern Diener begegnet, der mich von Bergamo her kennt, wo wir mal zusammen gedient haben; ich hab ihm gesagt, daß ich zur Post geh, und da hat er gemeint, ich soll nachschauen, ob auch was für seinen Herrn dabei ist. Ich glaub, einer ist dabei, aber ich kenn ihn nicht mehr, ich weiß nicht, welcher es ist.

FLORINDO: Laß mal sehen; ich nehme mir meine Briefe und gebe dir den anderen wieder zurück.

TRUFFALDINO: Bitt schön. Ich will meinem Freund unbedingt den Gefallen tun.

FLORINDO *für sich:* Was sehe ich? Ein Brief an Beatrice Rasponi? An Beatrice Rasponi in Venedig?

TRUFFALDINO: Haben Sie den Brief für meinen Kameraden gefunden?

FLORINDO: Wer ist denn dieser Kamerad, der dir einen solchen Auftrag gegeben hat?

TRUFFALDINO: Ein Diener . . . er heißt Pasquale.

FLORINDO: Und wem dient er?

TRUFFALDINO: Das weiß ich nicht, Signore.

FLORINDO: Aber wenn er dich gebeten hat, die Briefe für seinen Herrn abzuholen, dann muß er doch den Namen gesagt haben!

TRUFFALDINO: Natürlich. *Für sich:* Es wird immer verzwickter!

FLORINDO: Also, welchen Namen hat er dir gesagt?

TRUFFALDINO: Ich kann mich nicht mehr erinnern.

FLORINDO: Was! . . .

TRUFFALDINO: Er hat ihn mir auf ein Stück Papier geschrieben.

FLORINDO: Und wo ist das Papier?

TRUFFALDINO: Das hab ich auf der Post gelassen.

FLORINDO *für sich:* Ich weiß gar nicht, wie mir geschieht!

TRUFFALDINO *für sich:* Jetzt muß ich mich aber zusammennehmen!

FLORINDO: Wo wohnt dieser Pasquale?

TRUFFALDINO: Das weiß ich wirklich nicht.

FLORINDO: Wie willst du ihm dann den Brief übergeben?

TRUFFALDINO: Er hat gesagt, daß wir uns auf dem Markusplatz treffen.

FLORINDO *für sich:* Ich weiß nicht, was ich davon halten soll.

TRUFFALDINO *für sich:* Wenn ich mich da aus der Schlinge

zieh, dann glaub ich an Wunder. *Zu Florindo:* Geben Sie mir bitte den Brief, ich will schauen, daß ich den Pasquale finde.

FLORINDO: Nein, diesen Brief will ich aufmachen.

TRUFFALDINO: Um Gottes willen! Tun Sie das lieber nicht. Sie wissen doch, wie man für unbefugtes Brieföffnen bestraft wird!

FLORINDO: Das ist mir egal, der Brief interessiert mich viel zu sehr. Er ist an jemanden gerichtet, auf den ich ein gewisses Anrecht habe. Also kann ich ihn ohne Skrupel öffnen. *Macht den Brief auf.*

TRUFFALDINO *für sich:* Hab die Ehre! Jetzt hat er's doch getan!

FLORINDO *lesend:*

»Hochverehrte Signora und Herrin!

Ihre Abreise aus der Stadt hat allenthalben viel Gerede gezeitigt, und jedermann hat verstanden, daß Sie diesen Entschluß gefaßt haben, um dem Signor Florindo zu folgen. Dem Gericht ist zur Kenntnis gekommen, daß Sie in Männerkleidung geflohen sind, und es hat alle Vorkehrungen getroffen, Sie aufzuspüren und verhaften zu lassen. Ich habe diesen Brief nicht unmittelbar von der hiesigen Turiner Post aus nach Venedig expediert, um nicht den Ort zu verraten, den Sie mir im Vertrauen als Ihr Reiseziel genannt hatten, sondern habe ihn erst einem Freunde in Genua zugeleitet, damit jener ihn von dort aus nach Venedig schicke. Sofern ich etwas von Wichtigkeit in Erfahrung bringe, werde ich nicht versäumen, es Ihnen auf demselben Wege mitzuteilen. Ich verbleibe als Ihr

ergebenster und treuer Diener

Tognino della Doira«

TRUFFALDINO *für sich:* Ein sauberes Handwerk! In anderer Leute Angelegenheiten zu schnüffeln!

FLORINDO *für sich:* Was habe ich da in Erfahrung gebracht? Was habe ich gelesen? Beatrice von zu Hause abgereist? In Männerkleidung? Um mich zu suchen? Sie liebt mich wahrhaftig. Wollte es der Himmel, daß ich sie in Venedig wiederfände! *Laut:* Geh jetzt, mein lieber Truffaldino, und gib dir alle nur erdenkliche Mühe, den Pasquale aufzutreiben; sieh zu, daß du von ihm herausbekommst, wem er dient und ob einem Mann oder einer Frau. Stelle fest, wo er wohnt, und wenn du kannst, dann bring ihn mir her; ihr beide sollt auch ein anständiges Trinkgeld von mir bekommen.

TRUFFALDINO: Geben Sie mir den Brief. Ich will sehen, daß ich ihn finde.

FLORINDO: Da hast du den Brief, ich verlasse mich auf dich. Die Angelegenheit liegt mir sehr am Herzen.

TRUFFALDINO: Aber ich soll ihn so offen abgeben?

FLORINDO: Sag ihm, daß ein Irrtum, ein Mißgeschick vorliege. Finde mir jetzt keine Schwierigkeiten!

TRUFFALDINO: Dann geht's also vorläufig nicht mehr nach Turin?

FLORINDO: Nein, im Augenblick nicht. Vertrödle keine Zeit. Sieh zu, daß du den Pasquale ausfindig machst. *Für sich:* Beatrice in Venedig und Federigo in Venedig. Gnade ihr Gott, wenn sie ihrem Bruder vor die Augen kommt! Ich will mein möglichstes tun, sie zu finden. *Ab.*

Vierzehnte Szene

TRUFFALDINO *allein, dann der* TRÄGER *mit Koffer.*

TRUFFALDINO: Das freut mich aber rechtschaffen, daß nicht verreist wird. Ich will doch mal sehen, wie ich mit diesen beiden Diensten zurechtkomme. Ich will meine Geschicklichkeit auf die Probe stellen. Es tut mir nur leid, daß ich diesen Brief, der für meinen andern Herrn bestimmt ist, offen überreichen muß. Versuchen wir, ihn zu falten. *Faltet ihn verschiedene Male schlecht.* Jetzt müßt ich ihn versiegeln. Aber ich weiß nicht wie! Da hab ich doch manchmal gesehen, wie meine Großmutter ihre Briefe mit zerkautem Brot gesiegelt hat. Ich will's versuchen. *Holt ein kleines Stück Brot aus der Tasche.* Eigentlich tut's mir leid um das Stückchen Brot, aber da kann man eben nichts machen. *Kaut ein bißchen Brot, um den Brief zu versiegeln, verschluckt es aber unbeabsichtigt.* Hol's der Teufel! Das ist weg! Ich muß halt noch einen Bissen kauen. *Wiederholt und schluckt wieder.* Nichts zu machen, da sträubt sich die Natur. Aber ich will's doch noch mal versuchen. *Kaut wie oben; kann sich nur mit gößter Mühe zurückhalten, das Brot herunterzuschlucken, und holt es aus dem Mund.* Aha, das hat geklappt. Jetzt versiegle ich den Brief. *Siegelt ihn mit dem Brot.* Mir scheint, das sieht gut aus. Ich versteh schon mein Handwerk! Ach, jetzt hätt ich doch fast den Träger vergessen! *In die Bühne rufend:* Kamerad, komm her und bring den Koffer!

TRÄGER *mit dem Koffer auf dem Rücken:* Da bin ich. Wo soll er denn hingebracht werden?

TRUFFALDINO: Schaff ihn hier ins Gasthaus, ich komm gleich nach.

TRÄGER: Und wer bezahlt mich?

FÜNFZEHNTE SZENE

BEATRICE, *aus dem Gasthaus kommend, und* DIE VORIGEN.

BEATRICE *zu Truffaldino:* Ist das mein Koffer?

TRUFFALDINO: Ja, Signore.

BEATRICE *zum Träger:* Tragt ihn in mein Zimmer.

TRÄGER: Welches ist denn Ihr Zimmer?

BEATRICE: Fragt den Diener.

TRÄGER: Dreißig Soldi, recht so?

BEATRICE: Geht nur, ich bezahle schon.

TRÄGER: Beeilen Sie sich.

BEATRICE: Belästigt mich nicht!

TRÄGER: Gleich schmeiß ich den Koffer auf die Straße! *Ab ins Gasthaus.*

TRUFFALDINO: Eine Höflichkeit haben dieseTräger!

BEATRICE: Bist du auf der Post gewesen?

TRUFFALDINO: Jawohl, Signore.

BEATRICE: Waren Briefe für mich da?

TRUFFALDINO: Einer für Ihre Schwester war da.

BEATRICE: Und wo hast du ihn?

TRUFFALDINO: Hier hab ich ihn. *Übergibt ihr den Brief.*

BEATRICE: Dieser Brief ist geöffnet worden.

TRUFFALDINO: Geöffnet? Oh! Das kann doch nicht sein!

BEATRICE: Jawohl, geöffnet und soeben mit Brot versiegelt.

TRUFFALDINO: Ich kann mir überhaupt nicht vorstellen, wie so was möglich sein kann.

BEATRICE: Du kannst es dir nicht vorstellen, was? Du Gauner, du Lump! Wer hat den Brief geöffnet? Ich will das wissen!

TRUFFALDINO: Ich sag's Ihnen, Signore, ich gesteh Ihnen die Wahrheit. Irren ist doch menschlich. Auf der Post war auch ein Brief an mich. Ich versteh mich nur wenig aufs Lesen; und so hab ich aus Versehen nicht meinen Brief, sondern Ihren Brief aufgemacht. Ich bitt Sie um Verzeihung.

BEATRICE: Wenn das stimmte, dann wäre es nicht so schlimm.

TRUFFALDINO: Bei meiner Ehr als armer Schlucker, es stimmt!

BEATRICE: Hast du den Brief gelesen? Kennst du seinen Inhalt?

TRUFFALDINO: Nicht im geringsten. Diese Schriftart kenn ich nicht.

BEATRICE: Hat ihn keiner gelesen?

TRUFFALDINO *verwundert:* Ach!

BEATRICE: Du, paß auf!

TRUFFALDINO *wie oben:* Ach!

BEATRICE *für sich:* Hoffentlich beschwindelt er mich nicht. *Liest den Brief für sich.*

TRUFFALDINO *für sich:* Also, das hätten wir geschafft.

BEATRICE *für sich:* Der Tognino ist doch eine treue Seele. Ich bin ihm zu Dank verpflichtet. *Laut:* Nun, ich habe jetzt etwas hier in der Nähe zu erledigen. Du gehst ins Gasthaus, machst den Koffer auf und lüftest ein wenig die Kleider. Hier sind die Schlüssel. Wenn ich zurückkomme, wird gegessen. *Für sich:* Der Signor Pantalone läßt sich nicht blicken, und mir eilt es mit dem Geld! *Ab.*

Sechzehnte Szene

Truffaldino, *dann* Pantalone.

TRUFFALDINO: Das hätte überhaupt nicht besser klappen können. Ich bin doch ein Mordskerl! Jetzt schätze ich mich um hundert Scudi höher ein als vorher.

PANTALONE: Freund, ist Euer Herr zu Haus?

TRUFFALDINO: Nein, Sior, er ist nicht da.

PANTALONE: Wißt Ihr, wo er sich aufhält?

TRUFFALDINO: Keine Ahnung.

PANTALONE: Kommt er zum Essen nach Haus?

TRUFFALDINO: Ich denk schon.

PANTALONE: Da, nehmt. Wenn er nach Haus kommt, gebt ihm diesen Beutel mit hundert Dukaten. Ich kann jetzt nicht warten, ich hab zu tun. Empfehl mich. *Ab.*

Siebzehnte Szene

Truffaldino, *dann* Florindo.

TRUFFALDINO: Sieh und staune! Ich wünsch auch eine gute Reise. Nicht einmal gesagt hat er mir, welchem von meinen beiden Herrn ich den Beutel geben soll.

FLORINDO: Nun, hast du den Pasquale getroffen?

TRUFFALDINO: Nein, Sior, den Pasquale hab ich nicht getroffen, dafür aber einen andern, der mir einen Beutel mit hundert Dukaten gegeben hat.

FLORINDO: Hundert Dukaten? Was sollst du damit?

TRUFFALDINO: Sagen Sie mir die Wahrheit, Signore: Erwarten Sie vielleicht Geld von irgendwoher?

FLORINDO: Ja, ich habe einem Kaufmann einen Brief übergeben.

TRUFFALDINO: Dann gehört das Geld bestimmt Ihnen.

FLORINDO: Und was hat derjenige gesagt, der es dir ausgehändigt hat?

TRUFFALDINO: Er hat gesagt, ich soll's meinem Herrn geben.

FLORINDO: Dann gehört es selbstverständlich mir. Bin ich nicht dein Herr? Ist das nicht klar?

TRUFFALDINO *für sich:* Er weiß nichts von dem andern Herrn.

FLORINDO: Und du weißt nicht, wer es dir gegeben hat?

TRUFFALDINO: Das weiß ich nicht; ich glaub, ich hab ihn schon mal gesehen, aber ich kann mich nicht erinnern.

FLORINDO: Wahrscheinlich ein Kaufmann, für den ich eine Empfehlung hatte.

TRUFFALDINO: Ich denk auch, daß es der gewesen ist.

FLORINDO: Vergiß mir den Pasquale nicht!

TRUFFALDINO: Nach dem Essen geh ich zu ihm.

FLORINDO: Schön, dann wollen wir uns jetzt um das Essen kümmern. *Ab ins Gasthaus.*

TRUFFALDINO: Ja, tun wir das nur. Gott sei Dank hab ich mich diesmal nicht geirrt. Den Beutel hat der gekriegt, der ihn kriegen sollte. *Ab ins Gasthaus.*

ACHTZEHNTE SZENE

Zimmer im Hause Pantalones.

PANTALONE *und* CLARICE, *dann* SMERALDINA.

PANTALONE: Kurz und gut, der Sior Federigo hat Euer Mann zu werden. Ich hab mein Wort gegeben, und ich bin kein Hanswurst!

CLARICE: Ihr habt über mich zu verfügen, Herr Vater. Aber das, verzeiht, ist Tyrannei.

PANTALONE: Als der Sior Federigo um Euch geworben hat, hab ich es Euch gesagt; und Ihr habt mir nicht gesagt, daß Ihr ihn nicht wollt. Damals hättet Ihr reden sollen; jetzt ist es zu spät.

CLARICE: Verlegenheit und Respekt ließen mich schweigen.

PANTALONE: Dann seht zu, daß Verlegenheit und Respekt jetzt das gleiche bewirken.

CLARICE: Ich kann nicht, Herr Vater.

PANTALONE: Nein? Warum nicht?
CLARICE: Federigo werde ich bestimmt nicht heiraten.
PANTALONE: Mißfällt er Euch so?
CLARICE: Ich finde ihn scheußlich.
PANTALONE: Auch wenn ich Euch eine Möglichkeit nenne, wie er Euch doch gefallen könnte?
CLARICE: Wie denn das, Signore?
PANTALONE: Vergeßt den Signor Silvio, und Ihr werdet schon sehen, daß der Sior Federigo Euch gefällt.
CLARICE: Dazu habe ich Silvio viel zu sehr in mein Herz geschlossen; und durch Eure Zustimmung habt Ihr ihn nur um so fester darin verankert.
PANTALONE *für sich:* Einesteils tut sie mir ja leid. *Laut:* Man muß aus der Not eine Tugend machen.
CLARICE: Mein Herz ist zu einer solchen Anstrengung nicht imstande.
PANTALONE: Faßt Mut! Es muß sein . . .
SMERALDINA *zu Pantalone:* Der Signor Federigo ist da, um Ihnen seine Aufwartung zu machen.
PANTALONE: Bitte, er soll nur kommen.
CLARICE *weinend:* Oh! Wie schrecklich!
SMERALDINA: Was ist denn mit Ihnen, meine verehrte Signora? Sie weinen? Da tun Sie aber gar nicht recht daran. Haben Sie nicht gesehen, wie hübsch der Signor Federigo aussieht? Hätte ich ein solches Glück, würde ich bestimmt nicht weinen; lachen würde ich, und aus vollstem Herzen! *Ab.*
PANTALONE: Na, Tochter, laß dich nicht mit Tränen sehen.
CLARICE: Wenn es mir doch das Herz zerreißt!

NEUNZEHNTE SZENE

BEATRICE *in Männerkleidung und* DIE VORIGEN.

BEATRICE: Meine Hochachtung, Signor Pantalone.
PANTALONE: Ehrerbietung. Haben Sie den Beutel mit den hundert Dukaten bekommen?
BEATRICE: Nein.

PANTALONE: Ich hab ihn vor kurzem Ihrem Diener gegeben. Sie haben mir doch gesagt, daß man sich auf ihn verlassen kann.

BEATRICE: Ja. Da besteht keine Gefahr. Ich habe ihn noch nicht gesehen; aber er wird mir das Geld schon geben, wenn ich zurückkomme. *Leise zu Pantalone:* Was ist denn mit der Signora Clarice? Warum weint sie?

PANTALONE *leise zu Beatrice:* Lieber Sior Federigo, das muß man schon verzeihen. Die Kunde von Ihrem Tod hat sie trübsinnig gemacht. Ich denk schon, daß sie sich mit der Zeit ändern wird.

BEATRICE *wie oben:* Laßt mich einen Augenblick mit ihr allein, Signor Pantalone; vielleicht gelingt es mir, die passenden Worte zu finden.

PANTALONE: Jawohl, Sior. Ich bin gleich wieder da. *Für sich:* Ich will alles versuchen. *Laut:* Meine Tochter, wartet auf mich; ich komm gleich wieder. Leistet Euerm Bräutigam ein bißchen Gesellschaft. *Leise zu Clarice:* Nimm doch Vernunft an! *Ab.*

Zwanzigste Szene

Beatrice *und* Clarice.

BEATRICE: Ja, Signora Clarice . . .

CLARICE: Tretet zurück und wagt es nicht, mich zu belästigen!

BEATRICE: So streng mit dem, der Euch zum Manne bestimmt ist?

CLARICE: Wenn ich mit Gewalt zu Eurer Hochzeit geschleppt werde, dann bekommt Ihr meine Hand, aber nicht mein Herz.

BEATRICE: Ihr seid auf mich böse; und doch hoffe ich, Euch zu besänftigen.

CLARICE: Ich werde Euch in alle Ewigkeit verabscheuen.

BEATRICE: Würdet Ihr mich kennen, dann würdet Ihr nicht so mit mir reden.

CLARICE: Ich kenne Euch zur Genüge: Ihr habt mir meinen Frieden genommen.

BEATRICE: Und doch weiß ich ein Mittel, um Euch zu trösten.

CLARICE: Ihr täuscht Euch; außer Silvio kann mich niemand trösten.

BEATRICE: Natürlich bin ich nicht in der Lage, Euch jenen Trost zu geben, den Euch Euer Silvio geben könnte; aber ich kann zu Eurem Glück beisteuern.

CLARICE: Ich finde es allerhand, Signore, daß Ihr mich auch noch quälen wollt, obwohl ich in der abweisendsten Art zu Euch spreche.

BEATRICE *für sich:* Das arme Mädchen tut mir leid; ich kann nicht mit ansehen, wie sie leidet.

CLARICE *für sich:* Die Leidenschaft macht mich tapfer, wagemutig und unhöflich.

BEATRICE: Signora Clarice, ich will Euch ein Geheimnis anvertrauen.

CLARICE: Ich verspreche Euch nicht, es geheimzuhalten. Vertraut mir lieber nichts an.

BEATRICE: Eure Schroffheit nimmt mir jede Möglichkeit, Euch glücklich zu machen.

CLARICE: Ihr könnt mich nur unglücklich machen.

BEATRICE: Da irrt Ihr Euch. Und zum Beweise dessen will ich jetzt offen mit Euch reden. Wenn Ihr mich nicht haben wollt, so weiß ich auch nicht, was ich mit Euch anfangen soll. Wenn Ihr einem andern Eure Hand zum Verspruch gegeben habt, so habe auch ich einem andern mein Herz gegeben.

CLARICE: Jetzt gefallt Ihr mir schon besser.

BEATRICE: Habe ich nicht gesagt, daß ich in der Lage sei, Euch zu trösten?

CLARICE: Oh, ich fürchte, Ihr hintergeht mich!

BEATRICE: Nein, Signora, ich hintergehe Euch nicht. Ich spreche in aller Freimütigkeit zu Euch. Und wenn Ihr mir jene Geheimhaltung zusichert, die Ihr mir eben verweigert habt, so vertraue ich Euch ein Geheimnis an, das Euern Frieden endgültig gewährleistet.

CLARICE: Ich schwöre, das strengste Schweigen zu bewahren.

BEATRICE: Ich bin nicht Federigo Rasponi, sondern Beatrice, seine Schwester.

CLARICE: Ach! Was sagt Ihr mir da? Ihr seid eine Frau?

BEATRICE: Ja, das bin ich. Ihr könnt Euch denken, wie sehr mir danach war, mit Euch Hochzeit zu feiern!

CLARICE: Und was berichtet Ihr mir von Euerm Bruder?

BEATRICE: Er starb leider durch einen Degenstoß. Seinen Tod schrieb man meinem Geliebten zu, den ich nun in dieser Verkleidung suche. Ich bitte Euch bei allen heiligen Gesetzen der Freundschaft und Liebe, verratet mich nicht! Ich weiß, wie unvorsichtig ich gewesen bin, Euch ein derartiges Geheimnis zu entdecken, aber das hat verschiedene Gründe. Zunächst schmerzte es mich, Euch so traurig zu sehen, und dann schien es mir auch, daß Ihr ein Mädchen wäret, das ein Geheimnis wohl zu hüten vermag. Außerdem hat mich Euer Silvio bedroht; ich wollte doch nicht, daß Ihr ihn darin bestärkt und er mich gar noch herausfordert.

CLARICE: Erlaubt Ihr mir, daß ich es Silvio sage?

BEATRICE: Nein, ich verbiete es Euch sogar strengstens.

CLARICE: Gut, dann werde ich nicht sprechen.

BEATRICE: Ich kann mich also auf Euch verlassen?

CLARICE: Ich schwöre Euch nochmals, daß ich nicht sprechen werde.

BEATRICE: Und ich denke, Ihr seid jetzt nicht mehr böse auf mich.

CLARICE: Im Gegenteil, ich will Eure Freundin sein; und wenn Ihr etwas braucht, so verfügt nur über mich.

BEATRICE: Auch ich schwöre Euch ewige Freundschaft. Reicht mir Eure Hand.

CLARICE: Ach, ich möchte doch nicht . . .

BEATRICE: Ihr fürchtet, ich könnte keine Frau sein? Ich werde Euch für die Wahrheit meiner Worte augenscheinliche Beweise erbringen.

CLARICE: Glaubt mir, es kommt mir noch alles wie ein Traum vor.

BEATRICE: Natürlich, so etwas ist ja nicht alltäglich.

CLARICE: Es ist wirklich sehr ungewöhnlich.

BEATRICE: Nun, ich will jetzt gehen. Reichen wir uns die Hand zum Zeichen guter Freundschaft und Treue.

CLARICE: Hier ist meine Hand; ich habe keinen Zweifel an Eurer Aufrichtigkeit.

Einundzwanzigste Szene

Pantalone *und* die Vorigen

PANTALONE *zu Clarice:* Bravo! Das freut mich aber wirklich. Meine Tochter, du hast sehr rasch Vernunft angenommen.

BEATRICE: Habe ich Euch nicht gesagt, Signor Pantalone, daß ich sie beruhigen würde?

PANTALONE: Bravo! Da habt Ihr in vier Minuten mehr erreicht, als ich in vier Jahren hätte erreichen können.

CLARICE *für sich:* Jetzt bin ich in noch größerer Bedrängnis.

PANTALONE *zu Clarice:* Also, dann wollen wir diesen Hochzeitstermin recht bald ansetzen.

CLARICE: Nicht so eilig, Signore!

PANTALONE: Wie! Wenn man sich heimlich die Händchen drückt, dann soll ich's nicht eilig haben? Nein, nein, ich will da nicht noch Unannehmlichkeiten bekommen. Morgen wird alles erledigt.

BEATRICE: Es wird aber nötig sein, Signor Pantalone, daß wir zuerst unsere Geschäfte bereinigen und die Abrechnung vornehmen.

PANTALONE: Schon gut. So was erledigt man in zwei Stunden. Morgen werden die Ringe gewechselt.

CLARICE: Aber, Herr Vater ...

PANTALONE: Meine Tochter, ich geh jetzt augenblicklich zum Sior Silvio und sag ihm ein paar Worte.

CLARICE: Um Gottes willen, erzürnt ihn nicht!

PANTALONE: Was denn? Willst du vielleicht zwei?

CLARICE: Das sage ich ja nicht. Aber ...

PANTALONE: Aber und ach: Schluß damit! Empfehle mich, meine Herrschaften. *Will gehen.*

BEATRICE *zu Pantalone:* Hört ...

PANTALONE *im Fortgehen:* Ihr seid Mann und Frau.

CLARICE *zu Pantalone:* Immerhin ...

PANTALONE: Heut abend können wir darüber reden. *Ab.*

Zweiundzwanzigste Szene

Beatrice *und* Clarice.

CLARICE: Ach, Signora Beatrice, nun bin ich von einer Not in die andere gekommen.

BEATRICE: Macht Euch keine Sorgen. Und wenn alles möglich ist, so ist es doch unmöglich, daß ich Euch heirate.

CLARICE: Und wenn mich jetzt Silvio für untreu hält?

BEATRICE: Der Irrtum wird nicht lange dauern.

CLARICE: Könnte ich ihm die Wahrheit entdecken ...

BEATRICE: Ich entbinde Euch nicht von Euerm Schwur.

CLARICE: Was soll ich denn machen?

BEATRICE: Ein wenig leiden.

CLARICE: Ich fürchte, dies Leiden wird allzu schrecklich sein.

BEATRICE: Glaubt mir, nach allen Ängsten und Nöten ist das Glück der Liebe nur um so schöner. *Ab.*

CLARICE: Ich kann mir kein Glück vorstellen, solange ich nichts als Nöte um mich sehe. Ach, es stimmt schon: In diesem Leben ist einem fast nur Leid und Hoffnung beschieden, aber kaum Erfüllung. *Ab.*

ZWEITER AKT

Erste Szene

Hof in Pantalones Haus.

Silvio *und der* Dottore.

SILVIO: Herr Vater, ich bitte Euch, haltet mich nicht auf.

DOTTORE: Bleib und beantworte meine Fragen.

SILVIO: Ich bin außer mir.

DOTTORE: Aus welchem Grunde bist du in den Hof des Signor Pantalone gekommen?

SILVIO: Weil ich will, daß er entweder sein Versprechen einlöst oder mir für diese schwere Beleidigung Genugtuung verschafft.

DOTTORE: Aber so etwas schickt sich nicht in Pantalones eigenem Hause. Du bist wahnsinnig, dich von deiner Wut so weit hinreißen zu lassen.

SILVIO: Wer uns beleidigt, verdient keine Rücksichten.

DOTTORE: Das stimmt schon, aber darum darf man noch keine überstürzten Handlungen begehen. Laß mich nur machen, lieber Silvio, laß mich nur mit ihm reden; vielleicht gelingt es mir, ihn aufzuklären und ihm seine Pflicht vor Augen zu führen. Gehe du irgendwohin und erwarte mich dort; verlasse den Hof, wir wollen hier keine Auftritte. Ich werde auf den Signor Pantalone warten.

SILVIO: Aber ich, Herr Vater ...

DOTTORE: Aber ich, Herr Sohn, wünsche schließlich, daß man mir gehorcht.

SILVIO: Ja, ich gehorche Euch. Ich gehe. Sprecht mit ihm. Ich erwarte Euch beim Apotheker. Aber wenn der Signor Pantalone auf seinem Vorsatz beharrt, dann soll er mich kennenlernen! *Ab.*

Zweite Szene

Der Dottore, *dann* Pantalone.

DOTTORE: Armer Junge, er tut mir leid. Der Signor Pantalone hätte ihm niemals so große Hoffnungen machen dürfen, ohne über den Tod des Turiners völlige Sicherheit zu haben. Ich will ja auch sein Bestes, aber ich möchte nicht, daß er sich vom Ärger hinreißen läßt.

PANTALONE *für sich:* Was will denn der Dottore bei mir?

DOTTORE: Ach, Signor Pantalone, meine Hochachtung.

PANTALONE: Verehrung, Sior Dottore. Eben wollte ich zu Euch und zu Euerm Sohn.

DOTTORE: So? Ausgezeichnet. Ich kann mir denken, daß Ihr uns aufsuchen wolltet, um uns die Versicherung zu geben, daß die Signora Clarice Silvios Gemahlin sein wird.

PANTALONE *dem das Sprechen offensichtlich schwerfällt:* Eigentlich wollte ich Euch sagen . . .

DOTTORE: Nein, dazu sind keine weiteren Entschuldigungen nötig. Ich bedaure die mißliche Lage, in der Ihr Euch befunden habt. Aber das soll unserer guten Freundschaft keinen Abbruch tun.

PANTALONE *zögernd, wie oben:* Gewiß, in Anbetracht des Versprechens, das Sior Federigo gegeben wurde . . .

DOTTORE: Und da er so unvermutet vor Euch getreten ist, habt Ihr keine Zeit zur Besinnung gehabt; und Ihr habt nicht bedacht, welche Schmach damit unserer Familie angetan wird.

PANTALONE: Man kann nicht von Schmach reden, wenn man durch eine anderweitige Verpflichtung . . .

DOTTORE: Ich weiß schon, was Ihr meint. Es hatte zunächst den Anschein, als wäre die mit dem Turiner eingegangene Verpflichtung unlösbar, weil sie in vertraglicher Form erfolgt war. Aber dieser Vertrag wurde zwischen Euch und ihm geschlossen, während der unsere durch das Mädchen selbst bestätigt wurde.

PANTALONE: Das ist richtig; aber . . .

DOTTORE: Und Ihr wißt ja, was für die Heirat gilt: Consensus et non concubitus facit virum*.

PANTALONE: Ich versteh kein Latein; aber ich sag Euch . . .

DOTTORE: Und man darf kein Mädchen aufopfern.

PANTALONE: Habt Ihr sonst noch was zu sagen?

DOTTORE: Ich habe alles gesagt.

PANTALONE: Ihr seid also fertig.

DOTTORE: Ich bin fertig.

* (lat.) Die Zustimmung und nicht der Beischlaf macht den Mann (Anmerkung des Übersetzers).

PANTALONE: Kann ich nun sprechen?

DOTTORE: Sprecht.

PANTALONE: Mein lieber Sior Dottore, mit Eurer ganzen Gelehrsamkeit ...

DOTTORE: Über die Mitgift werden wir uns schon einigen. Auf ein bißchen mehr oder weniger soll es mir nicht ankommen.

PANTALONE: Jetzt sind wir genauso weit wie vorhin. Wollt Ihr mich sprechen lassen?

DOTTORE: Sprecht.

PANTALONE: Ich will sagen, daß Eure Gelehrsamkeit gut und schön ist; aber in diesem Fall führt sie zu nichts.

DOTTORE: Demnach laßt Ihr es zu, daß eine solche Heirat zustande kommt?

PANTALONE: Ich hab meine Verpflichtung, und der kann ich mich nicht entziehen. Meine Tochter ist einverstanden, wo soll ich da noch Schwierigkeiten sehen? Um Euch oder dem Sior Silvio das zu sagen, bin ich jetzt eigens aus dem Haus gegangen. Ich bedaure sehr, aber eine andere Möglichkeit gibt es nicht.

DOTTORE: Ich wundere mich nicht über Eure Tochter, aber ich wundere mich über Euch, daß Ihr so übel mit mir umgeht. Ohne ausreichende Gewähr über den Tod des Signor Federigo hättet Ihr Euch mit meinem Sohn nicht festlegen dürfen; und seid Ihr diese Verpflichtung einmal eingegangen, so habt Ihr auch Euer Wort unter allen Umständen zu halten. Die Kunde vom Tode Federigos rechtfertigte Euern neuen Entschluß auch ihm gegenüber in hinreichendem Maße; er hätte Euch keinen Vorwurf machen können und auch keine Ursache gehabt, irgendeine Genugtuung zu fordern. Die heute morgen coram testibus* zwischen der Signora Clarice und meinem Sohn geschlossene Verlobung konnte nicht durch ein einfaches Versprechen wieder gelöst werden, das Ihr einem andern gegeben hattet. Ich wäre sehr versucht, im Sinne meines

* (lat.) vor Zeugen (Anmerkung des Übersetzers).

Sohnes jedweden neuen Vertrag für null und nichtig erklären zu lassen und Eure Tochter zu zwingen, Silvio zu heiraten; doch ich würde mich schämen, eine Schwiegertochter mit so wenig Ehre in mein Haus zu bekommen, die Tochter eines so wortbrüchigen Mannes, wie Ihr einer seid. Signor Pantalone, vergeßt nicht, daß Ihr das mir, daß Ihr das dem Hause Lombardi angetan habt! Die Zeit wird vielleicht noch kommen, wo Ihr es mir büßen müßt; ja, sie kommt ganz bestimmt: Omnia tempus haben*. *Ab.*

Dritte Szene

Pantalone, *dann* Silvio.

PANTALONE: Geht nur, meinen Segen habt Ihr! Als ob mir das was ausmacht! Und Angst hab ich schon gar keine vor Euch. Das Haus Rasponi ist mir mehr wert als hundert Häuser Lombardi. So einen einzigen und reichen Sohn findet man nicht noch einmal. Die Sache steht fest!

SILVIO *für sich:* Mein Vater hat gut reden. Beherrsche sich doch, wer kann!

PANTALONE *für sich, Silvio sehend:* Jetzt kommt der zweite Strauß.

SILVIO *schroff:* Hochachtung, Signore.

PANTALONE: Ehrerbietung. *Für sich:* Der platzt gleich.

SILVIO: Ich habe da gewisse Dinge von meinem Vater vernommen; sollte man gar annehmen, daß sie der Wahrheit entsprechen?

PANTALONE: Wenn sie Euer Vater gesagt hat, werden sie schon stimmen.

SILVIO: Also ist die Hochzeit der Signora Clarice mit dem Signor Federigo beschlossene Sache?

PANTALONE: Jawohl, Sior, beschlossen und besiegelt.

SILVIO: Ich wundere mich, daß Ihr mir dies mit solcher Verwegenheit sagt, Ihr wortbrüchiger, ehrloser Mensch!

* (lat.) Alles zu seiner Zeit (Anmerkung des Übersetzers).

PANTALONE: Wie redet Ihr denn, Herr? Spricht man so mit einem alten Mann meiner Art?

SILVIO: Ich weiß nicht, was mich davon zurückhält, Euch mit dem Degen aufzuspießen!

PANTALONE: Ich bin doch kein Frosch, den man aufspießt, Herr! In meinem Haus so ein Gezeter?

SILVIO: Kommt mit vors Haus!

PANTALONE: Ich muß mich über Euch wundern, Sior.

SILVIO: 'raus, wenn Ihr ein Mann von Ehre seid!

PANTALONE: Männern meiner Art bringt man Respekt entgegen!

SILVIO: Ihr seid ein Feigling, ein Hasenfuß, ein gemeiner Mensch!

PANTALONE: Und Ihr ein unverschämter Kerl!

SILVIO: Ha! Beim Himmel ... *Legt die Hand an den Degen.*

PANTALONE: Hilfe! *Legt die Hand an den Kurzsäbel.*

VIERTE SZENE

BEATRICE, *mit dem Degen in der Hand, und* DIE VORIGEN.

BEATRICE *zu Pantalone, den Degen gegen Silvio gerichtet:* Hier bin ich, bereit zu Eurer Verteidigung.

PANTALONE *zu Beatrice:* Herr Schwiegersohn, ich bitte Euch...

SILVIO *zu Beatrice:* Gerade mit dir habe ich Lust, mich zu schlagen.

BRATRICE *für sich:* Nun muß ich.

SILVIO *zu Beatrice:* Präsentier mir den Degen!

PANTALONE *ängstlich:* Ach, Herr Schwiegersohn ...

BEATRICE *präsentiert Silvio die Klinge:* Es ist nicht das erstemal, daß ich mich schlage. Hier stehe ich, und ich fürchte Euch nicht!

PANTALONE: Hilfe! Ist denn niemand da? *Rennt auf die Straße hinaus.*

Beatrice und Silvio schlagen sich. Silvio stürzt, die Waffe fällt auf den Boden, und Beatrice setzt ihm die Degenspitze auf die Brust.

Fünfte Szene

Clarice *und* die Vorigen.

CLARICE *zu Beatrice:* Um Gottes willen, haltet ein!

BEATRICE: Schöne Clarice, Euch zuliebe schenke ich Silvio das Leben; denkt als Gegenleistung für meine Barmherzigkeit an Euern Schwur! *Ab.*

Sechste Szene

Silvio und Clarice.

CLARICE: Oh, mein Liebster, seid Ihr unversehrt?

SILVIO: Treulose Heuchlerin! Zu Silvio sagt Ihr »Liebster«? Zu einem verspotteten Geliebten, zu einem verratenen Bräutigam?

CLARICE: Nein, Silvio, ich verdiene Eure Vorwürfe nicht. Ich liebe Euch, ich verehre Euch und bin Euch treu.

SILVIO: Lügnerin! Ihr, und mir treu? Das nennt Ihr wohl Treue, wenn Ihr Euch einem andern Geliebten versprecht?

CLARICE: Ich tat es nicht und werde es nie tun. Lieber sterbe ich, als von Euch zu gehen!

SILVIO: Wie ich höre, hat er Euch mit einem Schwur verpflichtet.

CLARICE: Der Schwur zwingt mich nicht, ihn zu heiraten.

SILVIO: Was habt Ihr denn geschworen?

CLARICE: Lieber Silvio, verzeiht mir, aber das kann ich nicht sagen.

SILVIO: Aus welchem Grunde?

CLARICE: Weil ich geschworen habe zu schweigen.

SILVIO: Ein Zeichen, daß Ihr schuldig seid.

CLARICE: Nein, ich bin unschuldig.

SILVIO: Unschuldige schweigen nicht.

CLARICE: Und doch würde ich mich dieses Mal durch Reden schuldig machen.

SILVIO: Wem habt Ihr dieses Schweigen geschworen?

CLARICE: Federigo.

SILVIO: Und Ihr bewahrt es mit solcher Beflissenheit?

CLARICE: Ich bewahre es, um nicht eidbrüchig zu werden.

SILVIO: Und da wollt Ihr noch behaupten, daß Ihr ihn nicht liebt? Ein Simpel, wer das glaubt! Ich jedenfalls glaube Euch nicht, grausames, heuchlerisches Weib! Geht mir aus den Augen!

CLARICE: Wenn ich Euch nicht liebte, dann wäre ich nicht herbeigestürzt, um mich für Euer Leben einzusetzen.

SILVIO: Ich hasse selbst das Leben, wenn ich es einer Treulosen verdanke.

CLARICE: Ich liebe Euch aus ganzem Herzen.

SILVIO: Und ich verachte Euch aus ganzer Seele.

CLARICE: Ich sterbe, wenn Ihr Euch nicht mäßigt.

SILVIO: Euer Blut würde ich lieber sehen als Eure Untreue.

CLARICE: Diese Genugtuung kann ich Euch verschaffen. *Hebt den Degen vom Boden auf.*

SILVIO: Ja, dieser Degen könnte das mir angetane Unrecht gutmachen.

CLARICE: So grausam seid Ihr zu Eurer Clarice?

SILVIO: Ihr habt mich Grausamkeit gelehrt.

CLARICE: Ihr wünscht also meinen Tod?

SILVIO: Ich weiß nicht, was ich wünsche.

CLARICE: Ich kann Euch zufriedenstellen. *Richtet die Klinge auf ihre Brust.*

SIEBENTE SZENE

SMERALDINA *und* DIE VORIGEN.

SMERALDINA: Halt! Was fällt Euch denn ein? *Entreißt Clarice den Degen. Zu Silvio:* Und Ihr, Ihr hundsgemeiner Kerl, Ihr hättet sie einfach sterben lassen? Seid Ihr denn ein wildes Tier, ein Ungeheuer, ein Teufel? Da seht Euch mal das feine Herrchen an, für das sich die Frauen ums Leben bringen sollen! *Zu Clarice:* Beruhigt Euch doch, meine Padrona! Will er vielleicht nichts mehr von Euch wissen? Wer nichts von Euch wissen will, der verdient Euch auch nicht. Soll er sich zum Teufel scheren, dieser

Mörder! Und Ihr kommt jetzt mit. An Männern ist kein Mangel. Ehe es Abend ist, finde ich Euch ein ganzes Dutzend! *Wirft den Degen auf die Erde, und Silvio nimmt ihn auf.*

CLARICE *weinend:* Undankbarer! Ist es möglich, daß Euch mein Tod keinen Seufzer wert gewesen wäre? Ja, mich wird der Schmerz umbringen. Ich werde sterben, Ihr könnt zufrieden sein. Aber eines Tages werdet Ihr Euch von meiner Unschuld überzeugen, und dann werdet Ihr zu spät bereuen, mir nicht geglaubt zu haben; und Ihr werdet mein trauriges Schicksal und Eure abgrundtiefe Grausamkeit beweinen. *Ab.*

Achte Szene

Silvio *und* Smeraldina.

SMERALDINA: So etwas kann ich einfach nicht begreifen. Man hat ein Mädchen vor sich, das sich umbringen will, und man steht dabei und sieht sich das an, als würde man sich einen Auftritt aus einer Komödie mit ansehen!

SILVIO: Verrücktes Ding! Du glaubst doch nicht, daß sie sich wirklich umbringen wollte?

SMERALDINA: Ich weiß nur so viel, daß die Ärmste verschieden wäre, hätte ich sie nicht rechtzeitig daran gehindert.

SILVIO: Da hat ja noch so viel gefehlt, bis ihr der Degen in die Brust gegangen wäre!

SMERALDINA: So ein Lügner! Es war gleich um sie geschehen!

SILVIO: Nichts als Verstellung von euch Frauen!

SMERALDINA: Ja, wenn wir so wären, wie ihr Männer! Es heißt ja nicht umsonst: »Bei uns glaubt man's, und ihr tut's!« Den Frauen sagt man Untreue nach, und die Männer begehen eine Untreue nach der anderen! Uns macht man Vorwürfe, und bei euch drückt man beide Augen zu! Und wißt ihr auch, warum? Weil nämlich die Männer die Gesetze gemacht haben. Hätten die Frauen sie gemacht, dann bekäme man etwas ganz anderes zu hören. Und wenn ich zu bestimmen hätte, dann müßten alle untreuen Männer mit einem Zweig herumlaufen, und dann weiß ich, daß aus allen Städten Wälder würden. *Ab*

NEUNTE SZENE

SILVIO *allein.*

SILVIO: Ja, Clarice ist mir untreu, und mit der Vorspiegelung eines Schwurs versucht sie, die Wahrheit zu vertuschen. Sie ist eine Heuchlerin, und die Geste, sich etwas antun zu wollen, war nur ein Mittel, mich zu täuschen, mich mitleidig zu stimmen. Aber wenn mich auch das Schicksal durch meinen Nebenbuhler zu Fall kommen ließ, so werde ich doch den Gedanken an Rache nie und nimmer aufgeben! Jener Unwürdige wird sterben, und die undankbare Clarice wird in seinem Blute die Folgen ihrer Liebe zu sehen haben! *Ab.*

ZEHNTE SZENE

Gasthauszimmer mit zwei Frontaltüren und zwei Seitentüren.
TRUFFALDINO, *dann* FLORINDO.

TRUFFALDINO: Hab ich doch ein Pech! Von zwei Herren ist noch nicht einer zum Essen erschienen. Vor zwei Stunden hat's Mittag geläutet, aber niemand läßt sich blicken. Jetzt werden sie noch beide auf einmal kommen, und dann bin ich der Dumme; alle beide kann ich doch nicht bedienen, und somit kommt der Schwindel auf. Still, still, einer ist da. Na, Gott sei Dank!

FLORINDO: Nun, hast du diesen Pasquale wiedergefunden?

TRUFFALDINO: Haben wir nicht ausgemacht, Signore, daß ich ihn nach dem Essen suche?

FLORINDO: Ich bin ungeduldig.

TRUFFALDINO: Dann hätten Sie ein bißchen früher zum Essen kommen sollen.

FLORINDO *für sich:* Es ist mir doch unmöglich, festzustellen, ob sich Beatrice hier befindet.

TRUFFALDINO: Sie haben mir gesagt: »Bestellen wir das Essen!« und dann sind Sie einfach weggegangen. Jetzt ist bestimmt schon alles schlecht.

FLORINDO: Vorderhand mag ich nicht essen. *Für sich:* Ich will mich noch einmal bei der Post erkundigen. Diesmal gehe ich selbst; vielleicht kann ich etwas in Erfahrung bringen.

TRUFFALDINO: Wissen Sie, Signore, hierzulande muß man essen, und wenn man nichts ißt, dann wird man krank.

FLORINDO: Ich muß jetzt wegen einer dringenden Angelegenheit außer Haus gehen. Vielleicht bin ich zum Essen wieder da; sonst esse ich eben heute abend. Wenn du Lust hast, kannst du dir ja etwas zu essen geben lassen.

TRUFFALDINO: Oh, das genügt mir vollkommen. In dem Fall tun Sie nur ganz, wie Sie wollen, bitt schön.

FLORINDO: Dieses Geld ist mir zu schwer; hier leg's in meinen Koffer. Da hast du den Schlüssel dazu. *Übergibt Truffaldino den Beutel mit den hundert Dukaten sowie den Schlüssel.*

TRUFFALDINO: Ich geh schnell und bring Ihnen den Schlüssel wieder.

FLORINDO: Nein, nein, das hat Zeit. Ich will mich nicht damit aufhalten. Bin ich zum Essen nicht wieder da, so begib dich zum Markusplatz, wo ich dich erwarte. Du mußt schnellstens den Pasquale wiederfinden. *Ab.*

Elfte Szene

TRUFFALDINO, *dann* BEATRICE *mit einem Papier in der Hand.*

TRUFFALDINO: Gott sei Dank hat er gesagt, daß ich was essen kann; so verstehen wir uns prächtig. Und wenn er selbst nichts essen will, dann soll er's nur bleibenlassen. Meine Körperlichkeit ist nicht zum Fasten geschaffen. Ich will den Beutel weg tun und dann gleich ...

BEATRICE: He, Truffaldino!

TRUFFALDINO *für sich:* Teufel noch mal!

BEATRICE: Hat dir der Signor Pantalone de' Bisognosi einen Beutel mit hundert Dukaten gegeben?

TRUFFALDINO: Jawohl, Sior, er hat ihn mir gegeben.

BEATRICE: Und weshalb gibst du ihn mir nicht?

TRUFFALDINO: Aber ist er tatsächlich für Euer Gnaden bestimmt?

BEATRICE: Ob er für mich bestimmt ist? Was hat man dir gesagt, als man dir den Beutel gegeben hat?

TRUFFALDINO: Man hat gesagt, ich soll ihn meinem Herrn geben.

BEATRICE: Na, und wer ist dein Herr?

TRUFFALDINO: Euer Gnaden.

BEATRICE: Warum fragst du also, ob der Beutel mir gehört?

TRUFFALDINO: Dann wird er halt Ihnen gehören.

BEATRICE: Wo ist der Beutel?

TRUFFALDINO: Hier. *Übergibt den Beutel.*

BEATRICE: Stimmt das Geld?

TRUFFALDINO: Ich hab's nicht angerührt, Signore.

BEATRICE *für sich:* Ich zähle es nachher.

TRUFFALDINO *für sich:* Das mit dem Beutel hab ich falsch gemacht, aber ich hab's auch wieder eingerenkt. Was wird jetzt der andere sagen? Wenn's nicht ihm gehört, dann sagt er gar nichts.

BEATRICE: Ist der Gastwirt da?

TRUFFALDINO: Jawohl, Signore, er ist da.

BEATRICE: Richte ihm aus, daß ich mit einem Freund zu Mittag essen werde; er soll schnellstens zusehen, daß er den Tisch so gut wie möglich bestellt.

TRUFFALDINO: Wie wünschen Sie das Essen? Wie viele Gerichte ordnen Sie an?

BEATRICE: Der Signor Pantalone de' Bisognosi ist kein Mann von großen Ansprüchen. Sage dem Wirt, er soll fünf oder sechs Gerichte auftragen; jedenfalls etwas Gutes.

TRUFFALDINO: Wollen Sie das mir überlassen?

BEATRICE Ja, bestell du nur und leg dir Ehre ein. Ich will jetzt den Freund abholen, der hier ganz in der Nähe wohnt. Sieh zu, daß alles fertig ist, wenn ich wiederkomme. *Wendet sich zum Gehen.*

TRUFFALDINO: Sie sollen sehen, wie gut Sie bedient werden.

BEATRICE: Nimm dieses Papier und lege es in den Koffer. Gib mir ja acht, es ist ein Wechsel auf viertausend Scudi.

TRUFFALDINO: Keine Angst, ich schaff ihn gleich weg.

BEATRICE: Sieh zu, daß alles zur rechten Zeit fertig ist. *Für sich:* Der arme Signor Pantalone, er hat große Angst gelitten. Man muß ihn aufheitern. *Ab.*

Zwölfte Szene

Truffaldino, *dann* Brighella.

TRUFFALDINO: Jetzt geht's um die Ehre. Gleich beim erstenmal, daß mir der Herr hier ein Essen aufträgt, will ich ihm zeigen, was ich für einen guten Geschmack habe. Zuerst tu ich das Papier weg, und dann . . . ich tu's später weg, ich will keine Zeit verlieren. *In die Kulissen:* He! Ist da jemand? Holt mir den Messer Brighella, sagt ihm, daß ich ihn sprechen will! *Weiter für sich:* Ein gutes Essen besteht nicht nur aus den Gerichten, sondern vor allem aus der rechten Anordnung. Eine schöne Anordnung ist mehr wert als ein ganzer Berg von Gerichten.

BRIGHELLA: Was ist denn, Sior Truffaldino? Was wollt Ihr von mir?

TRUFFALDINO: Mein Herr bringt einen Freund zum Essen mit; er will, daß Ihr den Tisch verdoppelt, und zwar rasch, sofort. Habt Ihr alles Notwendige in der Küche?

BRIGHELLA: Bei mir ist immer alles vorhanden. In einer halben Stunde kann ich jedes Essen fertigmachen.

TRUFFALDINO: Gut. Dann sagt mir mal, was Ihr auffahren wollt.

BRIGHELLA: Für zwei Personen: machen wir zwei Gänge zu je vier Gerichten. Recht so?

TRUFFALDINO *für sich:* Er hat gesagt, fünf oder sechs Gerichte; sechs oder acht ist gehopst wie gesprungen. *Zu Brighella:* Das wird gehen. Und was sind's für Gerichte?

BRIGHELLA: Zum ersten Gang geben wir Suppe, Fischgebratenes, Siedfleisch und Frikassee.

TRUFFALDINO: Drei Gerichte kenn ich; unter dem vierten kann ich mir nichts vorstellen.

BRIGHELLA: Ein Gericht nach französischer Art, ähnlich wie Ragout, eine feine Speise.

TRUFFALDINO: Wunderbar, der erste Gang ist perfekt; und jetzt der zweite.

BRIGHELLA: Zum zweiten reichen wir Braten, Salat, ein Stück Fleischpastete und Pudding.

TRUFFALDINO: Schon wieder ein Gericht, das ich nicht kenne. Was ist das für ein Puh-Ding?

BRIGHELLA: Pudding hab ich gesagt, etwas Englisches, eine gute Sache.

TRUFFALDINO: Schön, ich bin's zufrieden. Und in welcher Anordnung stellen wir die Sachen auf den Tisch?

BRIGHELLA: Das ist nicht schwer. Der Kellner besorgt das schon.

TRUFFALDINO: Nein, mein Lieber, das Arrangieren liegt mir doch sehr am Herzen. Es hängt alles davon ab, die Dinge recht hübsch auf den Tisch zu stellen.

BRIGHELLA: Wir können zum Beispiel die Suppe hierher stellen, das Fischgebratene dorthin, das Siedfleisch dorthin und das Frikassee dorthin. *Deutet eine ungefähre Verteilung an.*

TRUFFALDINO: Nein, das behagt mir nicht. Und in die Mitte stellt Ihr gar nichts?

BRIGHELLA: Dazu müßten wir fünf Gerichte machen.

TRUFFALDINO: Dann machen wir halt fünf.

BRIGHELLA: In die Mitte werden wir eine pikante Soße für das Siedfleisch stellen.

TRUFFALDINO: Nein, mein Lieber, Ihr habt überhaupt keine Ahnung. Die Soße paßt nicht gut in die Mitte. In die Mitte kommt die Suppe.

BRIGHELLA: Auf die eine Seite tun wir das Siedfleisch und auf die andere die Soße ...

TRUFFALDINO: Du liebe Güte, das wird nichts! Ihr Wirtsleut

versteht Euch aufs Kochen, aber vom Auftun habt Ihr keinen blassen Schimmer. Ich will's Euch mal zeigen. Stellt Euch vor, das wär der Tisch. *Kniet mit einem Knie nieder und zeigt auf den Fußboden.* Paßt auf, wie wir jetzt die fünf Gerichte verteilen. Hier in die Mitte stellen wir zum Beispiel die Suppe hin. *Reißt ein Stück vom Wechsel ab und legt es an Stelle des Gerichts in die Mitte des Fußbodens.* Auf die Seite das Siedfleisch. *Reißt wieder ein Stück vom Wechsel ab und legt es auf die eine Seite.* Und auf die Seite das Fischgebratene. *Reißt noch ein Stück ab und legt es den andern gegenüber.* Und hierhin die Soße, und hierhin das Gericht, das ich nicht kenn. *Reißt noch weitere zwei Stücke ab und vervollständigt so die Anordnung der fünf Gerichte. Zu Brighella:* Was meint Ihr dazu? Ist das nicht gut so?

BRIGHELLA: Schon recht. Aber die Soße ist zu weit vom Siedfleisch weg.

TRUFFALDINO: Jetzt werden wir mal überlegen, wie wir sie uns heranholen können.

Dreizehnte Szene

Beatrice, Pantalone *und* die Vorigen.

BEATRICE *zu Truffaldino:* Was treibst du denn da auf den Knien?

TRUFFALDINO *sich erhebend:* Ich hab gerade die Anordnung entworfen.

BEATRICE: Was ist das für ein Papier?

TRUFFALDINO *für sich:* Teufel! Das ist ja der Brief, den er mir gegeben hat!

BEATRICE: Das ist mein Wechsel!

TRUFFALDINO: Verzeihen Sie. Den setzen wir gleich wieder zusammen ...

BEATRICE: Kerl! So gehst du mit meinen Sachen um? Mit so wichtigen Sachen? Verprügeln müßte ich dich! *Zu Pantalone:* Was meint Ihr dazu, Signor Pantalone? Kann man sich etwas Dümmeres vorstellen?

PANTALONE: Eigentlich ist das zum Lachen. Es wär schlimm, wenn man's nicht wieder gutmachen könnte. Aber ich schreib einen andern aus, und damit hat sich's.

BEATRICE: Und wenn jetzt der Wechsel von weit her stammte? *Zu Truffaldino:* Erztrottel!

TRUFFALDINO: Das kommt alles nur daher, weil der Brighella keine Ahnung hat, wie man einen Tisch deckt.

BRIGHELLA: Er muß auch an allem was aussetzen.

TRUFFALDINO: Ich bin ein Mensch, der ...

BEATRICE *zu Truffaldino:* Fort! Mach, daß du fortkommst!

TRUFFALDINO: Eine schöne Anordnung ist mehr wert als ...

BEATRICE: Mach, daß du fortkommst, hab ich dir gesagt!

TRUFFALDINO: Was das Arrangieren betrifft, so nehm ich's noch mit allen Hofmarschällen der Welt auf! *Ab.*

BRIGHELLA: Aus dem Menschen werd ich nicht schlau. Manchmal ist er gescheit und manchmal blöd.

BEATRICE: Er spielt nur den Dummen, der Gauner. *Zu Brighella:* Nun, gebt Ihr uns ein Mittagessen?

BRIGHELLA: Wenn Sie zwei Gänge zu je fünf Gerichten haben wollen, dann braucht das seine Zeit.

PANTALONE: Wieviel? Fünf Gerichte? Was Einfaches, gut bürgerlich! Eine Kleinigkeit, zwei Gerichte und basta! Ich stell keine Ansprüche.

BEATRICE *zu Brighella:* Habt Ihr gehört? Richtet Euch danach.

BRIGHELLA: Sehr wohl. Aber wenn Sie einen besonderen Wunsch haben, dann sagen Sie mir das bitte.

PANTALONE: Wenn Hackbraten für mich da wär, den würd ich gern essen; ich kann nicht recht kauen.

BEATRICE *zu Brighella:* Habt Ihr gehört? Hackbraten.

BRIGHELLA: Wie beliebt. Bemühen Sie sich bitte dort in den Raum, ich laß gleich anrichten.

BEATRICE: Sagt dem Truffaldino, er soll bedienen kommen.

BRIGHELLA: Ich sag's ihm, Signore. *Ab.*

Vierzehnte Szene

Beatrice, Pantalone, *dann* Bediente, *dann* Truffaldino.

BEATRICE: Signor Pantalone, ich bitte Euch, nehmt mit dem wenigen vorlieb, das man uns hier geben wird.

PANTALONE: Sagen Sie das nicht, mein Lieber. Sie haben sogar schon zu viele Umstände gemacht. Was ich Ihnen hätte anbieten müssen, das bieten Sie jetzt mir an. Aber Sie wissen ja, wie das ist, wenn man ein Mädchen im Hause hat. Ehe nicht alles in Ordnung gebracht ist, schickt es sich nicht, daß Sie mit ihr zusammen sind. Ich hab Ihre Einladung angenommen, um ein bißchen auf andere Gedanken zu kommen. Mir steckt noch die Angst in den Knochen. Wenn Ihr nicht gewesen wärt, mein Lieber, dann hätt mich doch dieser Dreckskerl aufgespießt.

BEATRICE: Ich freue mich, daß ich rechtzeitig dazugekommen bin.

Die Bedienten bringen in den von Brighella angegebenen Raum das Gedeck, die Gläser, den Wein, das Brot, und so weiter.

PANTALONE: Hier wird man sehr prompt bedient.

BEATRICE: Brighella weiß, was sich gehört. In Turin diente er im Hause eines hohen Adeligen, dessen Livree er heute noch trägt.

PANTALONE: Da gibt's noch ein anderes Gasthaus am Canale Grande, gleich an der Rialto-Brücke, wo man sehr gut essen kann. Ich bin schon ein paarmal mit gewissen Ehrenmännern, mit guten, anständigen Menschen dort gewesen und hab mich so wohl gefühlt wie sonst noch nirgends; ich denk immer noch gern daran zurück. Übrigens hatten die einen Burgunder, der ganz herrlich moussierte!

BEATRICE: Es gibt nichts Schöneres, als sich in guter Gesellschaft zu befinden.

PANTALONE: Ach, wenn Sie nur wüßten, was das für eine Gesellschaft war! Wenn Sie nur wüßten, was das für prächtige Menschen sind! Wie offen und ehrlich! Und auch auf der Zuecca-Insel* haben wir uns schon wunderbar unterhalten! Eine rechte Freude! Sieben oder acht Ehrenmänner sind das, wie es sie auf der ganzen Welt kein zweites Mal gibt.

Die Bedienten verlassen den Eßraum und kehren in die Küche zurück.

BEATRICE: Ihr habt also Euern Spaß mit ihnen gehabt?

PANTALONE: Ja, und den Spaß hoffe ich noch recht oft zu haben.

TRUFFALDINO *die Suppe bringend, zu Beatrice:* Belieben Sie, sich in den Eßraum zu begeben, ich trag auf.

BEATRICE: Geh nur voraus. Und stell die Suppe hin.

TRUFFALDINO *feierlich:* Aber bitte, nach Ihnen!

PANTALONE: Ein komischer Kauz, Ihr Diener! Gehen wir. *Geht hinein.*

BEATRICE *zu Truffaldino, ebenfalls hineingehend:* Ich wünsche weniger Witz, aber dafür mehr Verstand!

TRUFFALDINO: Schöne Bewirtung! Immer nur ein Gericht! Da gibt man sein gutes Geld aus und bekommt nichts mit gutem Geschmack serviert. Und wer weiß, ob die Suppe überhaupt was taugt. Ich will doch mal sehen. *Zieht einen Löffel aus der Tasche und kostet die Suppe.* Ich hab mein Handwerkszeug immer bei mir in der Tasche. Hm! Ganz brauchbar. Könnte auch schlechter sein. *Geht hinein.*

FÜNFZEHNTE SZENE

KELLNER *mit einem Gericht, dann* TRUFFALDINO, *dann* FLORINDO, *dann* BEATRICE *und* BEDIENTE.

KELLNER: Wie lange braucht denn der, bis er das Essen holt?

TRUFFALDINO *aus dem Eßraum:* Da bin ich, Kamerad. Was gebt Ihr mir denn?

* Sprich: Suékka. Zuecca ist die Dialektbezeichnung für die Laguneninsel Giudecca, die zu Goldonis Zeit noch nicht zum unmittelbaren Stadgebiet Venedigs gehörte und wegen ihrer damaligen Schönheit ein beliebtes Ausflugsziel war (Anmerkung des Übersetzers).

KELLNER: Hier ist das Siedfleisch. Ich hol jetzt das nächste Gericht. *Ab.*

TRUFFALDINO: Ob's Hammel ist oder Kalb? Scheint mir Hammel zu sein. Probieren wir ein bißchen. *Kostet.* Kein Hammel und kein Kalb: aber Schaf. *Will in Beatrices Raum.*

FLORINDO *ihm begegnend:* Was machst du denn da?

TRUFFALDINO *für sich:* Ach, du liebe Güte!

FLORINDO: Wohin gehst du denn mit dem Gericht?

TRUFFALDINO: Ich trag auf, Signore.

FLORINDO: Wem?

TRUFFALDINO: Euer Gnaden.

FLORINDO: Und weshalb trägst du auf, ehe ich da bin?

TRUFFALDINO: Ich hab Sie vom Fenster aus kommen sehen. *Für sich:* Eine gute Ausrede ist Gold wert.

FLORINDO: Und da fängst du mit dem Siedfleisch an und nicht mit der Suppe?

TRUFFALDINO: Wissen Sie, Signore, in Venedig ißt man die Suppe am Ende.

FLORINDO: Ich pflege es anders. Ich will die Suppe jetzt haben. Bring dies Gericht wieder in die Küche.

TRUFFALDINO: Jawohl, Signore, bitt schön!

FLORINDO: Und spute dich, ich will mich nachher hinlegen.

TRUFFALDINO: Sofort! *Tut so, als ginge er in die Küche zurück.*

FLORINDO *für sich:* Werde ich denn Beatrice nie wiederfinden? *Begibt sich in den geradeaus befindlichen Eßraum. Truffaldino rennt, sowie Florindo in dem Raum verschwunden ist, mit dem Gericht los und bringt es Beatrice.*

KELLNER *erscheint mit einem anderen Gericht:* Man muß doch jedesmal auf ihn warten. *Rufend:* Truffaldino!

TRUFFALDINO *aus Beatrices Raum kommend:* Da bin ich! Rasch, deckt sofort in dem andern Raum, der andere Fremde ist nämlich gekommen; und bringt gleich die Suppe.

KELLNER: Ja, gleich. *Ab.*

TRUFFALDINO: Was ist denn das für eine Kost? Bestimmt

das Frühkassier. *Kostet.* Gut, gut, nichts dagegen zu sagen. *Bringt es zu Beatrice.*

Die Bedienten bringen das Gedeck und so weiter in Florindos Raum.

TRUFFALDINO *zu den Bedienten hin:* Bravo. So laß ich's mir gefallen. *Für sich:* Die sind ja geschwind wie die Affen. Ach, wär das schön, könnt ich gleich zwei Herren bei Tisch bedienen!

Die Bedienten kommen aus Florindos Raum und gehen wieder zur Küche.

TRUFFALDINO: Dalli, Jungs, die Suppe!

KELLNER: Kümmert Euch um Euern Tisch, ich kümmere mich um den hier! *Ab.*

TRUFFALDINO: Ich möcht mich ja um beide kümmern, wenn ich's könnt!

Kellner kommt mit der Suppe für Florindo.

TRUFFALDINO: Nur her damit, ich besorg das schon. Macht inzwischen das nächste für den andern zurecht. *Nimmt dem Kellner die Suppe ab und trägt sie in Florindos Raum.*

KELLNER: Ein komischer Kerl. Er will hier bedienen und will dort bedienen. Von mir aus! Mein Trinkgeld müssen sie mir trotzdem geben.

Truffaldino kommt aus Florindos Raum.

BEATRICE *Truffaldino aus ihrem Raum rufend:* Truffaldino!

KELLNER *zu Truffaldino:* Los! Bedient Euern Herrn!

TRUFFALDINO: Bin schon da! *Geht in Beatrices Raum.*

Die Bedienten bringen das Siedfleisch für Florindo.

KELLNER: Gebt her. *Nimmt es ab. Die Bedienten ab.*

Truffaldino kommt mit den gebrauchten Tellern aus Beatrices Raum.

FLORINDO: *aus seinem Raum laut rufend:* Truffaldino!

TRUFFALDINO: Gebt her. *Will dem Kellner das Siedfleisch abnehmen.*

KELLNER: Das trage ich hinein.

TRUFFALDINO: Hört Ihr denn nicht, daß ich gerufen werde? *Nimmt ihm das Siedfleisch ab und bringt es zu Florindo.*

KELLNER: Herrlich! Er will alles ganz allein machen!

Die Bedienten bringen den Hackbraten, überreichen ihn dem Kellner, und ab.

KELLNER: Ich würde ihn ja hineinbringen, aber ich habe keine Lust, mich mit dem da zu streiten.

Truffaldino mit gebrauchten Tellern aus Florindos Raum.

KELLNER: Da, Herr Gschaftlhuber: der Hackbraten für Euern Herrn.

TRUFFALDINO *den Teller ergreifend:* Hackbraten?

KELLNER: Ja, der Hackbraten, den er bestellt hat. *Ab.*

TRUFFALDINO: Verflixt! Wem soll ich den jetzt bringen? Wer von den beiden Herren hat den eigentlich haben wollen? Geh ich in die Küche und frag, dann lachen sie mich noch aus; und wenn ich's verkehrt mache und bring ihn dem, der ihn gar nicht bestellt hat, dann reklamiert der andere, und der Schwindel platzt. Ich mach's einfach so ... Oh, ich bin ein kluger Kopf! Ja, so mach ich's: ich verteil die ganze Geschichte auf zwei Teller und bring jedem die Hälfte, dann kann nichts schiefgehen. *Nimmt einen anderen Teller von denen, die im Zimmer sind, und verteilt die einzelnen Stücke.* Jetzt hat jeder vier Stück. Aber da ist ja eines übrig. Wem soll ich das jetzt geben? Ich will niemand vor den Kopf stoßen; also eß ich's selbst. *Ißt das Stück Hackfleisch.* Die Rechnung stimmt. Jetzt kriegt der sein Hackfleisch. *Stellt einen Teller auf die Erde und bringt den anderen zu Beatrice.*

KELLNER *mit einem Pudding nach englischer Art, rufend:* Truffaldino!

TRUFFALDINO *aus Beatrices Raum kommend:* Da bin ich!

KELLNER: Bringt den Pudding ...

TRUFFALDINO: Augenblick, bin gleich wieder da. *Nimmt den anderen Teller mit Hackbraten und geht damit zu Florindo.*

KELLNER: Ihr irrt Euch. Der Hackbraten kommt dorthin.

TRUFFALDINO: Ja, Sior, das weiß ich, hab ihn auch schon hingebracht, aber mein Herr schickt diese vier Stück als Präsent an den Fremden. *Zu Florindo hinein.*

KELLNER: Das heißt also, sie kennen sich und sind miteinander befreundet. Da hätten sie auch gleich zusammen essen können.

TRUFFALDINO *aus Florindos Raum kommend, zum Kellner:* Und was ist das für ein Zeug?

KELLNER: Ein englischer Pudding.

TRUFFALDINO: Wer bekommt den?

KELLNER: Euer Herr. *Ab.*

TRUFFALDINO: Was ist denn eigentlich ein Pudding? Riechen tut er ja gut, beinah wie Polenta. Ach, würde mir jetzt eine Polenta gut schmecken! Ich will doch mal kosten. *Zieht eine Gabel aus der Tasche.* Ist keine Polenta, aber so was Ähnliches. *Ißt.* Schmeckt viel besser als Polenta. *Ißt.*

BEATRICE *ihn von ihrem Raum aus rufend:* Truffaldino!

TRUFFALDINO *mit vollem Munde antwortend:* Ich komme.

FLORINDO *ihn von seinem Raum aus rufend:* Truffaldino!

TRUFFALDINO *mit vollem Munde, wie oben:* Da bin ich! *Weiteressend, für sich:* Oh, wie fein! Noch ein Happen, dann komm ich.

BEATRICE *kommt heraus, sieht Truffaldino essen, versetzt ihm einen Fußtritt und meint:* Bediene schon! *Wieder zurück.*

Truffaldino stellt den Pudding auf die Erde, dann zu Beatrice hinein.

FLORINDO *tritt heraus, rufend:* Truffaldino! Wo steckt denn der Kerl?

TRUFFALDINO *kommt aus Beatrices Raum, Florindo sehend:* Hier steckt er.

FLORINDO: Was ist denn mit dir? Wo treibst du dich denn herum?

TRUFFALDINO: Ich hab nur Teller geholt, Signore.

FLORINDO: Gibt es noch etwas zu essen?

TRUFFALDINO: Ich seh gleich nach.

FLORINDO: Beeil dich aber, ich muß mich jetzt ausruhen! *In seinen Raum zurück.*

TRUFFALDINO: Wird gemacht. *Rufend:* Kellner, gibt's noch

was? *Für sich:* Den Pudding heb ich mir auf. *Versteckt ihn.*

KELLNER *eine Platte mit Braten hereinbringend:* Hier ist der Braten.

TRUFFALDINO *den Braten nehmend:* Schnell das Obst!

KELLNER: Eine Ungeduld! Gleich! *Ab.*

TRUFFALDINO: Den Braten bring ich dem da. *Zu Florindo hinein.*

KELLNER *mit einer Schüssel Obst:* Hier ist das Obst. Wo seid Ihr denn?

TRUFFALDINO *aus Florindos Raum kommend:* Bin schon da.

KELLNER: Hier, nehmt. *Übergibt ihm das Obst.* Wollt Ihr noch etwas?

TRUFFALDINO: Wartet! *Bringt das Obst zu Beatrice.*

KELLNER: Er springt hierhin und springt dorthin. Der reinste Springteufel!

TRUFFALDINO: Es reicht. Keiner will mehr was.

KELLNER: Das freut mich.

TRUFFALDINO: Tragt für mich auf.

KELLNER: Sofort. *Ab.*

TRUFFALDINO: Jetzt nehm ich mir meinen Pudding. Juchhu, ich hab's geschafft. Alle beide sind zufrieden, satt und bedient. Zwei Herren hab ich bei Tisch serviert, und keiner hat was vom andern gewußt. Und wenn ich zwei serviert hab, dann will ich jetzt auch für viere essen. *Ab.*

SECHZEHNTE SZENE

Straße mit Ansicht des Gasthauses.

SMERALDINA, *dann* KELLNER.

SMERALDINA: Feine Manieren hat meine Herrin! Ein junges Mädchen wie mich mit einem Billett ins Gasthaus zu schicken! Einer verliebten Frauensperson zu dienen ist doch ein recht undankbares Geschäft! Sie hat ja auch ganz schöne Marotten im Kopf! Eines kann ich jedenfalls nicht begreifen: in den Signor Silvio ist sie so verliebt, daß sie sich aus lauter Liebe zu ihm umbringen will, und einem andern schickt sie ein Billett. Oder ob sie einen für den Sommer und einen für den Winter haben will? Genug ... In das Gasthaus gehe ich jedenfalls nicht. Ich rufe einfach. Es wird schon jemand kommen. *Rufend:* He, jemand vom Haus! Jemand vom Gasthaus!

KELLNER: Was wollt Ihr, Jungfer?

SMERALDINA *für sich:* Ich schäme mich ganz schrecklich. *Zum Kellner:* Sagt mal ... wohnt in diesem Gasthaus ein gewisser Signor Federigo Rasponi?

KELLNER: Ja, gewiß. Er ist gerade mit dem Essen fertig.

SMERALDINA: Ich hätte ihm etwas auszurichten.

KELLNER: Ihr habt eine Botschaft für ihn? Ihr könnt hereinkommen.

SMERALDINA: He, für wen haltet Ihr mich denn? Ich bin das Kammermädchen seiner Braut.

KELLNER: Gut. Kommt herein.

SMERALDINA: Oh, da gehe ich nicht hinein!

KELLNER: Ihr wollt doch nicht, daß ich ihn auf die Straße schicke? Das halte ich nun nicht gerade für angebracht, um so weniger, als er sich in Gesellschaft des Signor Pantalone de' Bisognosi befindet.

SMERALDINA: Meines Herrn? Noch schlimmer! Oh, da geh ich nicht hinein!

KELLNER: Wenn Ihr wollt, dann schicke ich Euch seinen Diener.

SMERALDINA: Den kleinen Schwarzen?

KELLNER: Ja, den.

SMERALDINA: Gut, schickt ihn mir.

KELLNER *für sich:* Ich verstehe. Der kleine Schwarzkopf gefällt ihr. Sie schämt sich hereinzukommen, aber sie schämt sich nicht, auf der Straße gesehen zu werden. *Ab.*

SIEBZEHNTE SZENE

SMERALDINA, *dann* TRUFFALDINO.

SMERALDINA: Was sag ich nur meinem Herrn, wenn er mich hier sieht? Ich sag einfach, daß ich ihn gesucht habe, dann ist alles in Ordnung. Oh, um Ausreden bin ich nie verlegen!

TRUFFALDINO *mit einer Flasche Wein, Glas und Serviette:* Wer wünscht mich?

SMERALDINA: Ich, Signore. Es tut mir leid, wenn ich Euch gestört habe.

TRUFFALDINO: Nicht der Rede wert. Ich steh Euch ganz zur Verfügung.

SMERALDINA: Wie ich sehe, wart Ihr wohl gerade bei Tisch?

TRUFFALDINO: Ich war bei Tisch und werd auch wieder zu Tisch gehen.

SMERALDINA: Das tut mir aber leid.

TRUFFALDINO: Und ich freu mich. Ehrlich gesagt, mein Bauch ist voll, und diese hübschen Äuglein kommen mir gerade recht zum Nachtisch.

SMERALDINA *für sich:* Er ist sogar artig!

TRUFFALDINO: Ich stell nur die Flasche hin, dann bin ich bei Euch, meine Liebe!

SMERALDINA *für sich:* Er hat »meine Liebe« zu mir gesagt! *Zu Truffaldino:* Meine Herrin schickt dies Billett für den Signor Federigo Rasponi. Ich möchte nicht ins Gasthaus, und da habe ich mir gedacht, daß ich Euch bemühen könnte, da Ihr doch sein Diener seid.

TRUFFALDINO: Ich will's ihm gern bringen. Aber vorher sollt Ihr noch wissen, daß ich Euch auch was auszurichten hab.

SMERALDINA: Von wem?

TRUFFALDINO: Von einem Ehrenmann. Sagt mal, ist Euch ein gewisser Truffaldino Batocchio bekannt?

SMERALDINA: Ich glaube, ich habe den Namen schon einmal gehört, aber ich kann mich nicht an ihn erinnern. *Für sich:* Bestimmt ist er das selbst.

TRUFFALDINO: Ein hübscher Mann, klein, untersetzt, witzig, redegewandt. Meister der Zeremonien . . .

SMERALDINA: Nein, den kenne ich bestimmt nicht.

TRUFFALDINO: Aber er kennt Euch und ist in Euch verliebt.

SMERALDINA: Oh! Jetzt macht Ihr Euch über mich lustig!

TRUFFALDINO: Und wenn er ein bißchen auf Gegensympathie rechnen könnt, dann würd er sich auch zu erkennen geben.

SMERALDINA: Wißt, Signore: bekäme ich ihn zu sehen und er gefiele mir, dann könnte ich ihm vielleicht auch Sympathie entgegenbringen.

TRUFFALDINO: Soll ich ihn Euch zeigen?

SMERALDINA: Ich würde ihn gern sehen.

TRUFFALDINO: Sofort! *Ins Gasthaus.*

SMERALDINA: Also ist er's nicht.

Truffaldino kommt heraus, verneigt sich vor Smeraldina, tritt an sie heran, seufzt, und wieder zurück ins Gasthaus.

SMERALDINA: Die Geschichte verstehe ich nicht.

TRUFFALDINO *wieder herauskommend:* Habt Ihr ihn gesehen?

SMERALDINA: Wen?

TRUFFALDINO: Den, der in Eure Schönheit verliebt ist.

SMERALDINA: Außer Euch habe ich niemanden gesehen.

TRUFFALDINO *seufzend:* Ach!

SMERALDINA: Seid Ihr vielleicht derjenige, der vorgibt, mich zu lieben?

TRUFFALDINO *seufzend:* Ich bin's.

SMERALDINA: Warum habt Ihr mir das nicht eher gesagt?

TRUFFALDINO: Weil ich ein ganz klein bißchen schamhaft bin.

SMERALDINA *für sich:* Wer da nicht Feuer fängt!

TRUFFALDINO: Und was sagt Ihr jetzt?

SMERALDINA: Ich sage . . .

TRUFFALDINO: So sagt doch!

SMERALDINA: Oh, ich bin auch ein ganz klein bißchen schamhaft.

TRUFFALDINO: Und wenn wir uns zusammentäten, dann gäb's eine Hochzeit von zwei Schamhaften.

SMERALDINA: Eigentlich gefallt Ihr mir.

TRUFFALDINO: Seid Ihr noch Jungfrau?

SMERALDINA: Oh, da braucht man doch gar nicht zu fragen!

TRUFFALDINO: Das heißt also: ganz gewiß nicht!

SMERALDINA: Das heißt sogar: ganz gewiß doch!

TRUFFALDINO: Ich bin auch noch Jüngling.

SMERALDINA: Ich hätte mich schon fünfzigmal verheiraten können, aber ich habe noch nie einen gefunden, der mir gefallen hätte.

TRUFFALDINO: Kann ich denn hoffen, auf Eure Sympathie zu stoßen?

SMERALDINA: Eigentlich muß ich schon sagen, Ihr habt irgend etwas an Euch ... Genug, mehr sage ich nicht!

TRUFFALDINO: Wie soll's nur einer anstellen, der Euch zur Frau haben möcht?

SMERALDINA: Ich habe keinen Vater und keine Mutter mehr. Er müßte es schon meinem Herrn oder meiner Herrin sagen.

TRUFFALDINO: Schön, und wenn ich's ihnen sage, was werden sie dann antworten?

SMERALDINA: Sie werden antworten: wenn ich's zufrieden bin.

TRUFFALDINO: Und was werdet Ihr antworten?

SMERALDINA: Ich werde antworten: ... wenn sie's zufrieden sind ...

TRUFFALDINO: Das reicht. Dann sind wir's alle zufrieden. Gebt mir jetzt den Brief, und wenn ich Euch die Antwort bringe, können wir weiterreden.

SMERALDINA: Hier ist der Brief.

TRUFFALDINO: Wißt Ihr eigentlich, was in dem Brief steht?

SMERALDINA: Nein. Und Ihr könnt Euch gar nicht vorstellen, wie gern ich's wissen möchte!

TRUFFALDINO: Wenn das nur kein geharnischter Brief ist, der's auf mich abgesehen hat!

SMERALDINA: Wer weiß? Ein Liebesbrief ist es kaum.

TRUFFALDINO: Ich will aber keine Scherereien. Weiß ich nicht, was drin steht, bring ich ihn auch nicht hin.

SMERALDINA: Man könnte ihn aufmachen ... aber wie kriegt man ihn wieder zu?

TRUFFALDINO: Ach, überlaßt das nur mir! Darin bin ich Meister. Man wird überhaupt nichts merken.

SMERALDINA: Dann machen wir ihn auf.

TRUFFALDINO: Könnt Ihr lesen?

SMERALDINA: Ein bißchen. Aber Ihr könnt es bestimmt recht gut.

TRUFFALDINO: Kann's auch ein bißchen.

SMERALDINA: Hören wir mal.

TRUFFALDINO: Also, öffnen wir ihn fein säuberlich. *Reißt ein Stück ab.*

SMERALDINA: Ach! Was habt Ihr jetzt getan?

TRUFFALDINO: Gar nichts. Ich kenn schon das Geheimnis, wie man ihn wieder heil macht. Bitte, der ist auf.

SMERALDINA: Lest nur.

TRUFFALDINO: Lest Ihr ihn doch. Die Manier Eurer Herrin ist Euch bestimmt geläufiger.

SMERALDINA *den Brief ansehend:* Ehrlich gesagt, ich verstehe überhaupt nichts.

TRUFFALDINO *ebenso:* Und ich kein Wort.

SMERALDINA: Wozu haben wir ihn dann aufgemacht?

TRUFFALDINO *den Brief haltend.* Wartet mal. Strengen wir uns an. Eine Kleinigkeit verstehe ich schon.

SMERALDINA: Ein paar Buchstaben verstehe ich auch.

TRUFFALDINO: Dann probieren wir's halt zusammen. Ist das nicht ein M?

SMERALDINA: Ach was! Das ist ein R!

TRUFFALDINO: Zwischen R und M ist kein großer Unterschied.

SMERALDINA: »Ri, ri, a, ria.« Nein, nein, seid still, ich glaube doch, daß es ein M ist: »Mi, mi, a, mia.«

TRUFFALDINO: Das heißt bestimmt nicht mia, sondern mio!

SMERALDINA: Aber da ist doch ein Häkchen dran.

TRUFFALDINO: Drum heißt's auch: mio!

Achtzehnte Szene

Beatrice *und* Pantalone, *aus dem Wirtshaus kommend, und* die Vorigen.

PANTALONE *zu Smeraldina:* Was treibst du denn hier?

SMERALDINA *ängstlich:* Nichts, Signore, ich habe Euch gesucht.

PANTALONE *zu Smeraldina:* Was willst du von mir?

SMERALDINA *wie oben:* Meine Herrin sucht Euch.

BEATRICE *zu Truffaldino:* Was ist das für ein Papier?

TRUFFALDINO *ängstlich:* Nichts, ein Stück Papier ...

BEATRICE *zu Truffaldino:* Zeig her.

TRUFFALDINO: Jawohl, Signore. *Überreicht zitternd das Blatt.*

BEATRICE: Was? Das ist ein Billett, das für mich bestimmt ist. Du Nichtsnutz! Werden denn meine Briefe immer geöffnet?

TRUFFALDINO: Ich weiß von nichts, Signore ...

BEATRICE: Da, seht, Signor Pantalone, ein Billett der Signora Clarice, worin sie mir von der wahnsinnigen Eifersucht Silvios berichtet. Und dieser Halunke hat es geöffnet!

PANTALONE *zu Smeraldina:* Und du hast ihm wohl dabei geholfen?

SMERALDINA: Ich weiß von nichts, Signore.

BEATRICE: Wer hat dieses Billett geöffnet?

TRUFFALDINO: Ich nicht.

SMERALDINA: Ich auch nicht.

PANTALONE: Wer hat's denn gebracht?

SMERALDINA: Der Truffaldino hat's für seinen Herrn gebracht.

TRUFFALDINO: Und die Smeraldina hat's dem Truffaldino gebracht.

SMERALDINA *für sich:* Petzer, mit unserer Liebe ist's aus!

PANTALONE: Du neugieriges Waschweib, also hast du's auf dem Gewissen! Ich weiß nicht, was mich davon zurückhält, dir eine Maulschelle zu geben!

SMERALDINA: Mir hat noch keiner eine Maulschelle gegeben. Ich muß mich doch sehr über Euch wundern.

PANTALONE: So antwortest du mir? *Tritt auf sie zu.*

SMERALDINA: Ach, Ihr erwischt mich doch nicht. Ihr könnt ja gar nicht rennen. *Läuft weg.*

PANTALONE: Du Biest, gleich werd ich dir zeigen, wie ich rennen kann. Ich krieg dich schon! *Läuft hinter ihr her.*

Neunzehnte Szene

Beatrice, Truffaldino, *dann* Florindo *am Fenster des Gasthauses.*

TRUFFALDINO *für sich:* Wenn ich nur wüßt, wie ich mich da herausziehen könnt!

BEATRICE *für sich, das Billett lesend:* Arme Clarice, Silvios Eifersucht bringt sie zur Verzweiflung; ich muß mich zu erkennen geben und sie trösten.

TRUFFALDINO *für sich:* Anscheinend bemerkt er mich nicht. Mal sehen, ob ich mich davonmachen kann. *Will sich fortschleichen.*

BEATRICE: Wohin gehst du?

TRUFFALDINO *stehenbleibend:* Da bin ich.

BEATRICE: Warum hast du diesen Brief geöffnet?

TRUFFALDINO: Das ist die Smeraldina gewesen, Signore, ich weiß von nichts.

BEATRICE: Ach was! Die Smeraldina! Du bist es gewesen, Halunke! Eins und eins macht zwei. Zwei Briefe hast du mir an einem einzigen Tag geöffnet. Komm her!

TRUFFALDINO *voller Angst herantretend:* Um Gottes willen, Signore!

BEATRICE: Komm her, habe ich gesagt!

TRUFFALDINO *zitternd herantretend:* Erbarmen!

Beatrice nimmt den Stock von Truffaldinos Seite und prügelt ihn tüchtig durch; dabei steht sie mit dem Rücken zum Gasthaus.

FLORINDO *am Fenster des Gasthauses:* Wie? Man prügelt meinen Diener? *Vom Fenster weg.*

TRUFFALDINO: Nein, nicht mehr! Gnade!

BEATRICE: So, du Kerl! Jetzt lernst du's, Briefe aufzumachen! *Wirft den Stock weg, und ab.*

ZWANZIGSTE SZENE

TRUFFALDINO, *dann* FLORINDO, *aus dem Gasthaus kommend.*

TRUFFALDINO *nach Beatrices Abgang:* Bei meiner Ehr und Seligkeit! So behandelt man einen wie mich? Menschen meines Schlags verprügelt man? Wenn man einen Diener nicht brauchen kann, dann schickt man ihn weg, aber man prügelt ihn nicht!

FLORINDO *ist aus dem Gasthaus herausgekommen, ohne von Truffaldino bemerkt worden zu sein:* Was sagst du da?

TRUFFALDINO *für sich, Florindo sehend:* Oh! *In die Richtung sprechend, in der Beatrice weggegangen ist:* Anderer Leute Diener verprügelt man nicht so! Das ist eine Beleidigung für meinen Herrn!

FLORINDO: Ja, das ist eine Beleidigung für mich. Wer ist derjenige, der dich verprügelt hat?

TRUFFALDINO: Das weiß ich nicht, Signore. Ich kenn ihn nicht.

FLORINDO: Weshalb hat er dich verprügelt?

TRUFFALDINO: Weil ... weil ich ihm auf den einen Schuh gespuckt hab.

FLORINDO: Und da läßt du dich so verprügeln? Und rührst dich nicht und wehrst dich nicht dagegen? Und setzt deinen Herrn einer Beleidigung, einer Herausforderung aus? Du Esel! Du Faultier! *Hebt den Stock vom Boden auf.* Wenn du dich gern prügeln läßt, dann kann ich dir helfen, dann kriegst du sie auch von mir. *Verprügelt ihn, und wieder zurück ins Gasthaus.*

TRUFFALDINO: Jetzt kann ich sagen, daß ich der Diener zweier Herren bin, Von allen beiden hab ich meinen Lohn bekommen. *Ab ins Gasthaus.*

DRITTER AKT

Erste Szene

Gasthausdiele mit verschiedenen Türen.

Truffaldino *allein, dann* Kellner *und* Knecht.

truffaldino: Ich hab mich ein paarmal geschüttelt, und jetzt sind die Prügelschmerzen weg. Dafür hab ich auch rechtschaffen und gut gespeist, und heut abend werd ich noch besser speisen; und solange ich kann, will ich zwei Herren dienen, dann bekomm ich zweimal Lohn. Und was soll ich jetzt tun? Der erste Herr ist aus dem Haus, und der zweite liegt im Bett. Eigentlich könnt ich die Kleider ein bißchen lüften; ich hol sie aus den Koffern und schau nach, ob was gemacht werden muß. Ich hab ja die Schlüssel, und diese Diele ist wie geschaffen dafür. Also holen wir die Koffer und gehen ans Werk. Aber ich brauch Unterstützung. *Rufend:* Bedienung!

kellner *in Begleitung eines Knechts:* Was wollt Ihr?

truffaldino: Ich möchte gern, daß Ihr mir helft, ein paar Koffer aus den Zimmern zu tragen, damit man die Kleider lüften kann.

kellner *zum Knecht:* Na, helft ihm.

truffaldino: Gehen wir. Ich will Euch auch gern einen Teil von dem abgeben, was ich von meinem Herrn gekriegt habe. *Mit dem Knecht in eines der Zimmer.*

kellner: Scheint ein brauchbarer Diener zu sein. Er ist gewandt, immer zur Stelle und sehr aufmerksam; aber irgendwo hapert's bestimmt auch bei ihm. Ich bin selbst früher in Dienst gestanden, und ich weiß, wie das ist. Aus purer Liebe tut man nichts. Man tut doch alles nur, um seinen Herrn zu rupfen oder um ihn auszuschmieren.

truffaldino *gemeinsam mit dem Knecht einen Koffer aus obigem Zimmer heraustragend:* Nur langsam. Stellen wir ihn hierher. *Sie stellen den Koffer mitten in der Diele ab.* Und jetzt holen wir den andern. Aber wir müssen leise machen. Mein Herr ist nämlich in seinem Zimmer und schläft. *Mit dem Knecht in Florindos Zimmer.*

KELLNER: Entweder ist er ein Prachtstück oder ein ganz geriebener Bursche: daß man auf solche Art zwei Personen bedient, habe ich noch nie erlebt. Ich will ein bißchen aufpassen. Ich möchte doch nicht, daß er mit dem Vorwand, zwei Herren zu dienen, schließlich zwei Herren ausnimmt.

TRUFFALDINO *gemeinsam mit dem Knecht den anderen Koffer aus obigem Zimmer tragend:* Und den stellen wir hierher. *Sie stellen ihn in die Nähe des anderen. Zum Knecht:* Wenn Ihr jetzt gehen wollt, ich brauch Euch nicht mehr.

KELLNER *zum Knecht, der hinausgeht:* Geht schon in die Küche. *Zu Truffaldino:* Braucht Ihr sonst noch etwas?

TRUFFALDINO: Gar nichts. Meinen Kram mach ich mir allein.

KELLNER: Na, du bist ja auch ganz groß! Alle Hochachtung, wenn du's überdauerst! *Ab.*

TRUFFALDINO: Jetzt werd ich alles fein säuberlich und in Ruhe besorgen, und ohne daß mich einer dabei stört. *Zieht einen Schlüssel aus der Tasche.* Wohin paßt jetzt der Schlüssel? Zu welchem Koffer gehört der? Ich will's versuchen. *Öffnet den einen Koffer:* Hab's gleich erraten. Bin doch ein Kerl, der auf der ganzen Welt nicht seinesgleichen hat! Und der andere Schlüssel paßt in den andern Koffer. *Holt den anderen Schlüssel aus der Tasche und öffnet den zweiten Koffer.* Jetzt sind sie beide offen. Raus mit dem ganzen Inhalt! *Holt die Kleider aus beiden Koffern heraus und legt sie auf den Tisch; in jedem der beiden Koffer befindet sich ein Anzug aus schwarzem Tuch, Bücher, Schriftstücke und andere Dinge nach Belieben.* Schauen wir nach, ob nichts in den Taschen geblieben ist. Manchmal stecken sie sich Kringelgebackenes oder Bonbons ein. *Untersucht die Taschen von Beatrices Anzug und findet ein Bild.* Wunderbar! Was für ein herrliches Bild! Und was für ein hübscher Mann! Wer kann das sein? Ich hab den Eindruck, als würd ich ihn kennen; aber wo soll ich ihn nur hinstecken? Er sieht mir ja ein bißchen nach meinem andern Herrn aus. Ach, was! Der ist nicht so angezogen, und so eine Perücke hat er auch nicht!

ZWEITE SZENE

FLORINDO, *in seinem Zimmer, und* DER VORIGE.

FLORINDO *aus seinem Zimmer rufend:* Truffaldino!

TRUFFALDINO: Ach, verdammt! Jetzt ist er wach geworden. Wenn ihn der Teufel raustreibt, dann kommt er noch her, sieht den andern Koffer und will wissen ... Rasch, rasch, ich muß ihn wieder verschließen. Und dann sag ich, daß ich nicht weiß, wem er gehört. *Packt die Koffer wieder ein.*

FLORINDO *wie oben:* Truffaldino!

TRUFFALDINO *laut antwortend:* Bin gleich zu Diensten! *Für sich:* Ich muß doch erst das Zeug einpacken. Du liebe Güte! Jetzt weiß ich nicht mehr, wohin dieser Anzug gehört. Und wo diese Papiere gewesen sind, weiß ich auch nicht mehr.

FLORINDO *wie oben:* Erscheinst du jetzt, oder soll ich dir mit dem Stock Beine machen?

TRUFFALDINO *laut, wie oben:* Bin gleich da! *Für sich:* Rasch, bevor er kommt! Wenn er nachher aus dem Haus geht, bring ich alles wieder in Ordnung. *Wirft die Sachen durcheinander in die beiden Koffer und verschließt sie.*

FLORINDO *im Schlafrock aus seinem Zimmer kommend:* Was zum Teufel treibst du denn?

TRUFFALDINO: Lieber Signore, haben Sie mir nicht aufgetragen, ich soll Ihre Kleidung nachsehen? Ich hab hier meine Pflicht getan.

FLORINDO: Und wem gehört der andere Koffer?

TRUFFALDINO: Ich weiß von nichts. Wahrscheinlich einem andern Fremden.

FORINDO: Gib mir meinen schwarzen Anzug.

TRUFFALDINO: Bitt schön! *Öffnet Florindos Koffer und reicht ihm seinen schwarzen Anzug.*

FLORINDO *läßt sich beim Ausziehen des Schlafrocks helfen und zieht den Anzug an; steckt die Hände in die Taschen und findet das Bild. Sich über das Bild wundernd:* Was ist denn das?

TRUFFALDINO *für sich:* Teufel noch mal! Das hab ich falsch gemacht. Das Bild gehört in den andern Anzug, und ich hab's in den gesteckt. Die gleiche Farbe hat mich verwirrt.

FLORINDO *für sich:* Himmel! Ich traue meinen Augen nicht! Das ist mein Bild. Mein Bild, das ich selbst meiner lieben Beatrice geschenkt habe. *Zu Truffaldino:* Hör zu! Wie kommt dieses Bild, das vorher nicht dort gewesen ist, in die Tasche meines Anzugs?

TRUFFALDINO *für sich:* Jetzt weiß ich nicht mehr, wie ich's vertuschen soll. Ich muß scharf nachdenken.

FLORINDO: Los, sprich, gib Antwort! Wie ist dieses Bild in meine Tasche gekommen?

TRUFFALDINO: Lieber Signore, entschuldigen Sie gütigst die Vertrautheit, die ich mir herausgenommen hab. Das Bild gehört mir. Und damit ich's nicht verlier, hab ich's da versteckt. Verzeihen Sie mir um Gottes willen!

FLORINDO: Wie bist du zu diesem Bild gekommen?

TRUFFALDINO: Ich hab's von meinem Herrn geerbt.

FLORINDO: Geerbt?

TRUFFALDINO: Jawohl, Sior. Ich hab einem Herrn gedient, und der ist gestorben und hat mir ein paar Kleinigkeiten vermacht, die ich verkauft hab, bis auf das Bild hier.

FLORINDO: Oh! Wie lange ist es her, daß dein Herr gestorben ist?

TRUFFALDINO: Ungefähr eine Woche. *Für sich:* Ich rede, was mir gerade in den Sinn kommt.

FLORINDO: Wie hieß dein Herr?

TRUFFALDINO: Das weiß ich nicht, Signore; er lebte inkognito.

FLORINDO: Inkognito? Wie lange hast du ihm denn gedient?

TRUFFALDINO: Nicht lange. Zehn oder zwölf Tage.

FLORINDO: Himmel! Ich fürchte immer mehr, es war Beatrice! Sie floh in Männerkleidern ... lebte inkognito ... *Für sich:* Oh, ich Unglücklicher, wenn dies stimmte!

TRUFFALDINO *für sich:* Wenn der alles glaubt, kann ich ihm alles weismachen.

FLORINDO *gequält:* War dein Herr jung?

TRUFFALDINO: Jawohl, Sior, er war jung.

FLORINDO: Bartlos?

TRUFFALDINO: Bartlos.

FLORINDO *für sich, seufzend:* Das kann nur sie gewesen sein!

TRUFFALDINO *für sich:* Prügel krieg ich jetzt wohl keine.

FLORINDO: Weißt du wenigstens, wo dein verstorbener Herr beheimatet war?

TRUFFALDINO: Das wußte ich, aber ich weiß es nicht mehr.

FLORINDO: Etwa in Turin?

TRUFFALDINO: Jawohl, Sior, in Turin.

FLORINDO *für sich:* Jedes Wort von ihm ist ein Degenstich in mein Herz. *Zu Truffaldino:* Und dieser junge Turiner ist wirklich gestorben?

TRUFFALDINO: Er ist wirklich gestorben.

FLORINDO: Woran ist er gestorben?

TRUFFALDINO: Er bekam einen Schlag, und weg war er. *Für sich:* So komm ich am besten weg!

FLORINDO: Wo ist er begraben worden?

TRUFFALDINO *für sich:* Schon wieder in der Zwickmühle. *Zu Florindo:* Er ist nicht begraben worden, Signore. Ein anderer Diener, ein Landsmann von ihm, hat die Erlaubnis bekommen, ihn in einen Sarg zu legen und nach Haus zu schicken.

FLORINDO: War das vielleicht der nämliche Diener, der dich heute morgen jenen Brief von der Post holen ließ?

TRUFFALDINO: Jawohl, Sior. Eben der Pasquale.

FLORINDO *für sich:* Da ist jede Hoffnung dahin. Beatrice ist gestorben. Arme, bedauernswerte Beatrice! Die Unbilden der Reise und ihre Herzensnot haben sie in den Tod getrieben. Oh! Ich kann diesen großen Schmerz nicht verwinden! *Ab.*

Dritte Szene

Truffaldino, *dann* Beatrice *und* Pantalone.

TRUFFALDINO: Was soll das jetzt bedeuten? Er betrübt sich, weint und ist ganz verzweifelt. Ich möcht doch nicht, daß er durch meine Märchen noch schwermütig wird. Und ich hab's auch nur getan, um nicht wieder mit dem Prügel Bekanntschaft zu machen, und damit er mir nicht hinter die Geschichte mit den beiden Koffern kommt. Das mit dem Bild ist ihm ja in die Knochen gefahren! Bestimmt kennt er den. Es wird besser sein, wir schaffen die Koffer in ihre Zimmer, sonst gibt's noch mal so eine Schererei. Da kommt ja mein anderer Herr. Aus ist der Traum mit dem zweigeteilten Dienst, jetzt krieg ich meinen Laufpaß! *Deutet Prügel an.*

BEATRICE: Glaubt mir, Signor Pantalone, die letzte Partie Spiegel und Wachse ist zweimal fakturiert.

PANTALONE: Vielleicht haben auch die Kontorgehilfen einen Fehler gemacht. Wir lassen die Rechnungen noch mal vom Buchhalter kontrollieren, dann werden wir ja sehen.

BEATRICE: Ich habe mir auch verschiedene Posten aus unsern Büchern abgeschrieben. Möglicherweise wird sich der Irrtum für Euch oder für mich klären. Truffaldino!

TRUFFALDINO: Signore.

BEATRICE: Hast du die Schlüssel zu meinem Koffer?

TRUFFALDINO: Jawohl, Signore; hier sind sie.

BEATRICE: Warum hast du meinen Koffer in die Diele gestellt?

TRUFFALDINO: Um die Kleidung ein bißchen zu lüften.

BEATRICE: Hast du's gemacht?

TRUFFALDINO: Ich hab's gemacht.

BEATRICE: Schließ auf und gib mir... Wem gehört denn der andere Koffer?

TRUFFALDINO: Einem andern Fremden, der hier abgestiegen ist.

BEATRICE: Gib mir das Merkbuch, das im Koffer liegt.

TRUFFALDINO: Jawohl, Sior. *Für sich:* Der Himmel schickt's mir gnädig. *Öffnet und sucht das Buch.*

PANTALONE: Ich meine, es kann schon sein, daß man sich hier geirrt hat. Eine falsche Rechnung ist keine Rechnung.

BEATRICE: Es wäre aber auch möglich, daß es doch stimmte; nun, wir werden sehen.

TRUFFALDINO: Ist es das da? *Übergibt Beatrice ein Notizbuch.*

BEATRICE: Gewiß. *Nimmt es, ohne es genauer zu betrachten, und öffnet es.* Nein, das ist es ja gar nicht ... Wem gehört dieses Merkbuch?

TRUFFALDINO *für sich:* Hab ich's doch wieder mal geschafft!

BEATRICE *für sich:* Hier sind zwei Briefe, die ich Florindo geschrieben hatte. O weh! Diese Notizen, diese Abrechnungen sind von ihm. Mir bricht der kalte Schweiß aus, ich bebe, ich weiß nicht, wie mir ist.

PANTALONE: Was gibt's denn, Sior Federigo? Ist Ihnen nicht gut?

BEATRICE: Doch. *Leise zu Truffaldino:* Truffaldino, wie kam dieses Buch, das mir nicht gehört, in meinen Koffer?

TRUFFALDINO: Das kann ich mir nicht erklären ...

BEATRICE: Rasch, überleg nicht lange, sag mir die Wahrheit!

TRUFFALDINO: Ich bitt Sie um Verzeihung, daß ich mir herausgenommen hab, das Buch in Ihren Koffer zu legen. Es gehört mir, und um's nicht zu verlieren, hab ich's da hineingetan. *Für sich:* Das ist bei dem andern gut gegangen, vielleicht verfängt's auch bei dem hier.

BEATRICE: Das Buch gehört dir, und du kennst es nicht und gibst es mir als meines?

TRUFFALDINO *für sich:* Oho, der ist noch gescheiter! *Zu Beatrice:* Ja, wissen Sie, ich hab's noch nicht lang, und da hab ich's nicht gleich erkannt.

BEATRICE: Und wie bist du zu diesem Buch gekommen?

TRUFFALDINO: Ich hab in Venedig bei einem Herrn gedient, und der ist gestorben und hat mir das Buch vermacht.

BEATRICE: Wie lange ist das her?

TRUFFALDINO: Weiß ich's? Zehn oder zwölf Tage.

BEATRICE: Wie ist das möglich, da ich dich doch in Verona getroffen habe?

TRUFFALDINO: Da kam ich gerade aus Venedig, weil mein Herr gestorben war.

BEATRICE *für sich:* Ich Unglückliche! *Zu Truffaldino:* Hieß dein Herr etwa Florindo?

TRUFFALDINO: Jawohl, Sior, Florindo.

BEATRICE: Mit Familiennamen Aretusi?

TRUFFALDINO: Ganz recht, Aretusi.

BEATRICE: Und er ist bestimmt gestorben?

TRUFFALDINO: Ganz bestimmt.

BEATRICE: Woran ist er gestorben? Wo wurde er begraben?

TRUFFALDINO: Er ist in den Kanal gefallen, ertrunken, und man hat ihn nicht wieder gesehen.

BEATRICE: O ich Bedauernswerte! Florindo, mein ein und alles, ist tot! Was soll mir jetzt dieses unnütze Leben, da er tot ist, dem allein es gegolten hat? O eitle Hoffnungen! O vergebliche Mühen! Unheilvolle Liebeslisten! Ich verlasse Heimat und Anverwandte, lege Männerkleider an, begebe mich in Gefahr, fordere das Leben selbst heraus, tu all dies für Florindo, und mein Florindo ist tot! Unglückselige Beatrice! War der Verlust des Bruders noch zu wenig, daß erst der des Bräutigams hinzukommen mußte? Nicht genug mit dem Tode Federigos, der Himmel forderte auch den Florindos. Doch bin ich die Ursache ihres Todes gewesen, bin ich die Schuldige: warum wendet sich der Himmel dann nicht voller Rache gegen mich? Unnütz ist alles Weinen und eitel alles Rechten, mein Florindo ist tot. Oh, dieser Schmerz erdrückt mich! Ich sehe keinen Lichtblick mehr. Mein teurer, mein lieber Bräutigam, voller Verzweiflung werde ich dir nachfolgen. *In äußerster Erregung in ihr Zimmer.*

PANTALONE *der erstaunt Beatrices Worte und Verzweiflung vernommen hat:* Truffaldino!

TRUFFALDINO: Sior Pantalone!

PANTALONE: Eine Frau!

TRUFFALDINO: Ein Weib!

PANTALONE: Was für eine Überraschung!

TRUFFALDINO: Was für ein Wunder!

PANTALONE: Ich bin ganz durcheinander.

TRUFFALDINO: Ich bin ganz sprachlos.

PANTALONE: Das sag ich meiner Tochter! *Ab.*

TRUFFALDINO: Jetzt bin ich nicht mehr der Diener zweier Herren, sondern eines Herrn und einer Herrin. *Ab.*

VIERTE SZENE

Straße mit dem Gasthaus.

Der DOTTORE, *dann* PANTALONE, *aus dem Gasthaus kommend.*

DOTTORE: Ich kann mich doch nicht genug über diesen nichtswürdigen alten Pantalone ärgern. Je mehr ich daran denke, desto mehr geht mir die Galle über.

PANTALONE *freudig:* Meine Ehrerbietung, lieber Dottore.

DOTTORE: Ich wundere mich, daß Ihr noch die Vermessenheit besitzt, mich zu grüßen.

PANTALONE: Ich habe eine Neuigkeit für Euch. Wißt . . .

DOTTORE: Wollt Ihr mir vielleicht berichten, daß Ihr die Hochzeit gemacht habt? Das rührt mich überhaupt nicht.

PANTALONE: Keine Spur! Laßt mich reden, und wenn's Euch noch so zuwider ist!

DOTTORE: Redet, bis Ihr die Schwindsucht kriegt!

PANTALONE *für sich:* Den möcht ich jetzt am liebsten mit Fäusten verdoktern! *Zum Dottore:* Wenn Ihr wollt, wird meine Tochter Euern Sohn ehelichen.

DOTTORE: Äußerst verbunden; übernehmt Euch bloß nicht. Mein Sohn hat einen sensiblen Magen. Gebt sie dem Turiner.

PANTALONE: Wenn Ihr wüßtet, wer dieser Turiner ist, würdet ihr nicht so reden.

DOTTORE: Soll er doch sein, wer er mag. Eure Tochter wurde mit ihm zusammen gesehen, et hoc sufficit*.

PANTALONE: Aber es stimmt ja nicht, daß er ...

DOTTORE: Ich will kein Wort mehr hören.

PANTALONE: Wenn Ihr mich nicht anhört, habt Ihr selbst den Schaden.

DOTTORE: Das werden wir ja sehen, wer den Schaden hat!

PANTALONE: Meine Tochter ist ein ehrbares Mädchen; und jene ...

DOTTORE: Fahrt zum Teufel!

PANTALONE: Euch holt er von ganz alleine!

DOTTORE: Wortbrüchiger, ehrloser alter Kerl! *Ab.*

Fünfte Szene

Pantalone, *dann* Silvio.

PANTALONE: Geh zum Henker! Das ist ja ein Ungeheuer in Menschengestalt! Hab ich ihm etwa sagen können, daß jener eine Frau ist? Nein, mein Herr, er hat mich gar nicht erst zu Wort kommen lassen. Aber da ist ja dieses Bürschchen von seinem Sohn, und ein paar Unverschämtheiten werde ich mir wieder anhören müssen.

SILVIO *für sich:* Aha, der Pantalone. Ich möchte ihm am liebsten den Degen in die Brust stoßen.

PANTALONE: Sior Silvio, mit Verlaub, ich hätt eine gute Neuigkeit für Euch; das heißt, wenn Ihr geruht, mich sprechen zu lassen, und nicht so ein Mundwerk habt wie Euer Herr Vater.

SILVIO: Was habt Ihr mir zu sagen? Sprecht.

PANTALONE: Ihr sollt wissen, daß die Heirat meiner Tochter mit dem Sior Federigo ins Wasser gefallen ist.

SILVIO: Stimmt das? Täuscht mich ja nicht!

PANTALONE: Was ich sage, stimmt; und wenn sie ihren Zu-

* (lat.) und das genügt (Anmerkung des Übersetzers).

stand überwunden hat, wird Euch auch meine Tochter die Hand reichen.

SILVIO: Himmel! Ihr schenkt mir das Leben wieder!

PANTALONE *für sich:* Hm, so verrückt wie sein Vater ist er ja gar nicht.

SILVIO: Aber, meiner Treu! Wie könnte ich diejenige an meine Brust drücken, die schon lange und vertraut mit einem andern Bräutigam gesprochen hat?

PANTALONE: Kurz und gut: Federigo Rasponi ist seine Schwester Beatrice geworden.

SILVIO: Wie? Ich verstehe Euch nicht.

PANTALONE: Ihr seid aber schwer von Begriff. Den man für Federigo hielt, der hat sich als Beatrice entpuppt.

SILVIO: In Mannskleidern?

PANTALONE: In Mannskleidern.

SILVIO: Jetzt verstehe ich Euch.

PANTALONE: Hat ja auch lang genug gedauert.

SILVIO: Wie trug sich das zu? Erzählt es mir.

PANTALONE: Gehen wir nach Haus. Meine Tochter weiß von nichts. Dann kann ich Euch mit einer einzigen Erzählung alle beide zufriedenstellen.

SILVIO: Ich begleite Euch und bitte Euch inständig um Verzeihung, wenn ich, hingerissen von der Leidenschaft ...

PANTALONE: Schwamm darüber! Ich verzeih Euch. Ich weiß, was Liebe ist. Gehen wir, mein Sohn. Kommt nur. *Ab.*

SILVIO: Wer kann sich glücklicher preisen als ich? Wessen Herz kann höher schlagen als meines? *Ab mit Pantalone.*

SECHSTE SZENE

Gasthausdiele mit verschiedenen Türen.

BEATRICE *und* FLORINDO *kommen beide mit einem Hirschfänger in der Hand aus ihren Zimmern, in der Absicht, sich umzubringen; Beatrice wird von* BRIGHELLA *zurückgehalten, Florindo vom* KELLNER, *wobei sich die beiden Liebenden so bewegen, daß sie einander nicht sehen können.*

BRIGHELLA *Beatrices Hand fassend:* Bleiben Sie.

BEATRICE *bemüht sich, von Brighella loszukommen:* Laßt mich doch.

KELLNER *zu Florindo, ihn zurückhaltend:* Das ist ja Wahnwitz!

FLORINDO *sich vom Kellner losreißend:* Schert Euch zum Teufel!

BEATRICE: Ihr werdet mich nicht daran hindern können! *Löst sich von Brighella.*

Beide treten nun vor, fest entschlossen, sich umzubringen, sehen sich ins Gesicht und erkennen einander mit großem Erstaunen.

FLORINDO: Wen sehe ich!

BEATRICE: Florindo!

FLORINDO: Beatrice!

BEATRICE: Ihr seid am Leben?

FLORINDO: Und Ihr lebt auch?

BEATRICE: O Schicksal!

FLORINDO: O Seligkeit! *Beide lassen die Waffen fallen und umarmen sich.*

BRIGHELLA *scherzhaft zum Kellner:* Nehmt das Blut auf, damit's nicht verdirbt! *Ab.*

KELLNER *für sich:* Ich will wenigstens diese Messer zurücklegen. Die bekommen sie nicht mehr. *Hebt die Hirschfänger auf, und ab.*

Siebente Szene

BEATRICE, FLORINDO, *dann* BRIGHELLA.

FLORINDO: Was hat Euch zu solcher Verzweiflungstat getrieben?

BEATRICE: Eine falsche Kunde über Euern Tod.

FLORINDO: Wer hat Euch nur meinen Tod eingeredet?

BEATRICE: Mein Diener.

FLORINDO: Und der meine hat mir vorgemacht, Ihr wäret gestorben, und getrieben von demselben Schmerz, wollte ich mir das Leben nehmen.

BEATRICE: Dies Buch war die Veranlassung, daß ich ihm Glauben schenkte.

FLORINDO: Dies Buch befand sich in meinem Koffer. Wie kam es in Eure Hände? Ach, wahrscheinlich auf die gleiche Weise wie dies Bild in meine Tasche; hier ist mein Bild, das ich Euch in Turin gegeben hatte.

BEATRICE: Wer weiß, was diese Gauner von unseren Dienern da angestellt haben. Sie sind die Ursachen zu unserem Schmerz und zu unserer Verzweiflung gewesen.

FLORINDO: Der meine hat mir hundert Märchen über Euch erzählt.

BEATRICE: Und ebenso viele habe ich von meinem Diener über Euch zu hören bekommen.

FLORINDO: Wo stecken sie denn?

BEATRICE: Man sieht sie nicht mehr.

FLORINDO: Lassen wir sie holen, und stellen wir eine Untersuchung an. *Rufend:* Wer ist dort? Ist dort jemand?

BRIGHELLA: Sie wünschen?

FLORINDO: Wo treiben sich unsere Diener herum?

BRIGHELLA: Das weiß ich nicht, Signore. Die kann man suchen.

FLORINDO: Sucht sie und schickt sie uns her.

BRIGHELLA: Ich kenn nicht mehr als einen; aber ich will's den Bedienten sagen. Möglich, daß die alle beide kennen. Ich wünsch den Herrschaften auch viel Glück zu dem süßen Tod, den Sie gehabt haben. Und falls Sie sich noch begraben lassen wollen, dann gehen Sie bitte woandershin, hier macht sich das nicht gut. Ergebenster Diener. *Ab.*

ACHTE SZENE

FLORINDO *und* BEATRICE.

FLORINDO: Ihr wohnt ebenfalls in diesem Gasthaus?

BEATRICE: Ich bin heute früh angekommen.

FLORINDO: Ich auch heute früh. Und da haben wir uns nicht eher gesehen?

BEATRICE: Das Schicksal wollte uns ein wenig quälen.

FLORINDO: Sagt, ist Euer Bruder Federigo gestorben?

BEATRICE: Zweifelt Ihr? Er verschied augenblicklich.

FLORINDO: Und doch mußte ich annehmen, er sei am Leben und befände sich in Venedig.

BEATRICE: Das ist ein Irrtum derjenigen, die mich bisher für Federigo hielten. Ich verließ in dieser Kleidung und unter diesem Namen Turin nur deswegen ...

FLORINDO: Ich weiß, meine Liebste: um mir nachzureisen. Ein Brief, den Euch Euer Diener aus Turin geschrieben hat, überzeugte mich davon.

BEATRICE: Wie kam der in Eure Hände?

FLORINDO: Ein Diener, ich denke der Eure, bat den meinen, für ihn zur Post zu gehen. Ich sah den Brief, stellte fest, daß er an Euch adressiert war, und konnte nicht umhin, ihn zu öffnen.

BEATRICE: Berechtigte Neugier eines Liebenden.

FLORINDO: Was wird man in Turin zu Eurer Abreise sagen?

BEATRICE: Kehre ich als Eure Frau zurück, wird jedes Gerede verstummen.

FLORINDO: Wie kann ich auf eine baldige Rückkehr hoffen, da man mich doch des Mordes an Euerm Bruder beschuldigt?

BEATRICE: Die Gelder, die ich von Venedig mitbringe, können Euch vom Bann befreien.

FLORINDO: Diese Diener lassen sich immer noch nicht blicken.

BEATRICE: Was mag sie nur veranlaßt haben, uns solchen Schmerz zuzufügen?

FLORINDO: Um alles zu erfahren, darf man ihnen nicht grob kommen. Man muß es im guten versuchen.

BEATRICE: Ich werde mir Mühe geben, mich zu bezwingen.

FLORINDO *sieht Truffaldino:* Da ist ja der eine.

BEATRICE: Er scheint mir der größere Gauner zu sein.

FLORINDO: Ich denke, Ihr werdet nicht schelten.

Neunte Szene

Truffaldino, *von* Brighella *und dem* Kellner *gewaltsam hereingebracht, und* die Vorigen.

florindo: Komm nur, komm nur, du brauchst keine Angst zu haben!

beatrice: Wir tun dir nichts.

truffaldino *für sich:* Oh! Die Prügel hab ich noch nicht vergessen!

brighella: Den da haben wir gefunden. Und wenn wir den andern finden, bringen wir ihn auch noch.

florindo: Ja, es müssen alle beide zur Stelle sein.

brighella *leise zum Kellner:* Kennt Ihr den andern?

kellner *leise zu Brighella:* Ich nicht.

brighella *leise zum Kellner:* Wir wollen uns in der Küche erkundigen. Irgend jemand wird ihn schon kennen. *Ab.*

kellner *für sich:* Wenn's ihn gäbe, dann müßte ich ihn schon längst kennen.

florindo: Dann erzähle uns also, wie die Vertauschung des Bilds und des Merkbuchs zustande gekommen ist und wieso du dich mit jenem anderen Gauner verschworen hast, uns zur Verzweiflung zu bringen.

truffaldino *legt den Finger auf den Mund und wendet sich so an beide, sie zum Schweigen auffordernd. Zu beiden:* Still! *Zu Florindo, ihn von Beatrice fortziehend:* Bitt schön, auf ein Wörtchen separat! *Leise zu Beatrice, während er zur Seite geht, um mit Florindo zu sprechen:* Gleich will ich Ihnen alles erzählen. *Leise zu Florindo:* Wissen Sie, Signore, ich hab an dem ganzen Kram keine Schuld; das ist nämlich alles der Pasquale gewesen, der Diener jener Signora da drüben. *Deutet verstohlen auf Beatrice.* Er hat die Sachen durcheinandergebracht und in den Koffer getan, was in den andern gehörte, ohne daß ich was davon gemerkt hab. Der arme Kerl hat mich gebeten, daß ich ihn nicht verraten soll, damit ihn sein Herr nicht fortjagt. Ich hab ja ein gutes Herz, und für meine Freunde laß ich mich umbringen, und so hab ich die ganzen Geschichten erfunden, um's wieder hinzubiegen. Ich hätt mir ja nie träumen lassen, daß das Ihr Bild sein könnte und daß Sie sich über den Tod seines Besitzers so sehr grämen würden. Jetzt hab ich Euch alles ganz genauso erzählt, wie's gewesen ist, und zwar als der ehrliche und treue Diener, der ich bin.

BEATRICE *für sich:* Der hält ihm aber eine lange Rede. Ich bin gespannt, was es mit diesem Rätsel auf sich hat.

FLORINDO *leise zu Truffaldino:* Also war derjenige, der dich den berühmten Brief von der Post holen ließ, der Diener der Signora Beatrice?

TRUFFALDINO *leise zu Florindo:* Jawohl, Sior, das war der Pasquale.

FLORINDO *leise zu Truffaldino:* Warum hast du mir etwas verschwiegen, was ich mit solcher Dringlichkeit von dir wissen wollte?

TRUFFALDINO *leise zu Florindo:* Er hat mich gebeten, ich soll nichts davon sagen.

FLORINDO *wie oben:* Wer?

TRUFFALDINO *wie oben:* Der Pasquale.

FLORINDO *wie oben:* Warum hast du deinem Herrn nicht gehorcht?

TRUFFALDINO *wie oben:* Aus Freundschaft zu Pasquale.

FLORINDO *wie oben:* Ich müßte Pasquale und dich zusammen verprügeln.

TRUFFALDINO *für sich:* In dem Fall bekäm ich meine Tracht und die von Pasquale obendrein.

BEATRICE: Ist dieses lange Verhör immer noch nicht zu Ende?

FLORINDO: Er erzählt mir eben ...

TRUFFALDINO *leise zu Florindo:* Um Himmels willen, mein Signore, verraten Sie den Pasquale nicht! Sie können ja sagen, daß ich's gewesen bin, Sie können mich auch verprügeln, wenn Sie wollen, aber stürzen Sie mir den Pasquale nicht ins Verderben!

FLORINDO *leise zu Truffaldino:* Bist du denn so von Liebe zu deinem Pasquale erfüllt?

TRUFFALDINO *wie oben, dabei von Florindo wegtretend:* Ich hab ihn so gern wie meinen eigenen Bruder. Jetzt geh ich dort zu der Signora und sag ihr, daß ich's gewesen bin und daß ich alles verdorben hab; soll sie mich ausschimpfen, soll sie mich schlagen, aber dem Pasquale darf nichts geschehen.

FLORINDO *für sich:* Er hat doch einen liebenswerten Charakter.

TRUFFALDINO *zu Beatrice tretend:* Jetzt bin ich bei Ihnen.

BEATRICE *leise zu Truffaldino:* Was für eine lange Rede hast du da dem Signor Florindo gehalten?

TRUFFALDINO *leise zu Beatrice:* Wissen Sie, der Signore hat einen Diener namens Pasquale; das ist der größte Spitzbub, den's auf der ganzen Welt gibt. Er hat das ganze Durcheinander mit dem Zeug gemacht, und weil der arme Kerl befürchtet, sein Herr könnt ihn fortjagen, hab ich die Ausred mit dem Buch erfunden und mit dem gestorbenen und ertrunkenen Herrn, und so weiter. Und eben hab ich auch dem Sior Florindo gesagt, daß alles nur meine Schuld gewesen ist.

BEATRICE *zu Truffaldino, wie oben:* Warum nimmst du denn eine Schuld auf dich, die deiner Behauptung nach gar nicht die deine ist?

TRUFFALDINO *wie oben:* Wegen meiner großen Freundschaft zum Pasquale.

FLORINDO *für sich:* Die Sache dauert ein bißchen lange.

TRUFFALDINO *leise zu Beatrice:* Ich bitt Sie, stürzen Sie ihn nicht ins Unglück!

BEATRICE *wie oben:* Wen?

TRUFFALDINO *wie oben:* Den Pasquale.

BEATRICE *wie oben:* Der Pasquale und du, ihr seid doch zwei Erzgauner!

TRUFFALDINO *für sich:* Na, das bin schon ich allein.

FLORINDO: Lassen wir's gut sein, Signora Beatrice, unsere Diener haben das nicht aus Gemeinheit getan. Sie verdienten zwar eine Lehre, aber in Anbetracht unseres Glücks kann man ihnen auch das Gewesene verzeihen.

BEATRICE: Das ist richtig, aber Euer Diener ...

TRUFFALDINO *leise zu Beatrice:* Um Himmels willen, nennen Sie den Pasquale nicht!

BEATRICE *zu Florindo:* Nun, ich müßte mich jetzt zum Signor Pantalone de' Bisognosi begeben. Wäre es Euch recht, mich zu begleiten?

FLORINDO: Das würde ich gerne tun, aber ich muß hier auf einen Bankier warten. Wenn Ihr's eilig habt, komme ich dann nach.

BEATRICE: Ja, ich möchte gleich gehen. Ich erwarte Euch beim Signor Pantalone; jedenfalls bleibe ich so lange dort, bis Ihr kommt.

FLORINDO: Ich weiß nicht, wo er wohnt.

TRUFFALDINO: Das weiß ich, Signore. Ich bringe Sie hin.

BEATRICE: Gut, ich geh jetzt in mein Zimmer, um mich vollends anzukleiden.

TRUFFALDINO *leise zu Beatrice:* Gehen Sie vor, ich steh gleich zu Ihren Diensten.

BEATRICE: Lieber Florindo, ich habe viel Leid um Euch erduldet! *Ab ins Zimmer.*

Zehnte Szene

Florindo *und* Truffaldino.

FLORINDO *zu Beatrice hin:* Und meines war nicht geringer.

TRUFFALDINO: Hören Sie, Signore, der Pasquale ist nicht da, und die Signora Beatrice hat niemand, der ihr beim Ankleiden hilft. Wär's Ihnen recht, wenn ich ihr statt des Pasquale an die Hand geh?

FLORINDO: Ja, begib dich nur zu ihr und hilf ihr mit Aufmerksamkeit, das ist mir sehr lieb.

TRUFFALDINO *für sich:* An Phantasie, Schlagfertigkeit und List übertreff ich selbst den geriebensten Anwalt im Dogenpalast! *Ab in Beatrices Zimmer.*

Elfte Szene

Florindo *dann* Beatrice *und* Truffaldino.

FLORINDO: Wieviel Bedeutsames hat sich doch an diesem Tage ereignet! Weinen, Wehklagen und Verzweiflung, und am Ende Glück und Freude. Vom Weinen zum Lachen ist's ein köstlicher Wechsel, der alle Leiden verscheucht, doch gerät man aus der Freude in den Schmerz, so spürt man die Veränderung ganz anders!

BEATRICE: Nun, ich bin soweit.

FLORINDO: Wann legt Ihr denn diese Kleidung ab?

BEATRICE: Sehe ich nicht gut darin aus?

FLORINDO: Ich kann es nicht erwarten, Euch in Rock und Mieder zu sehen. Eure Schönheit verträgt es nicht, übermäßig verdeckt zu werden.

BEATRICE: Schön, ich erwarte Euch also beim Signor Pantalone. Laßt Euch von Truffaldino begleiten.

FLORINDO: Ich warte noch etwas auf den Bankier; und wenn er nicht bald kommt, dann wird er schon noch einmal den Weg machen.

BEATRICE: Beweist mir durch Eure Eile, daß Ihr mich liebt. *Wendet sich zum Gehen.*

TRUFFALDINO *leise zu Beatrice, auf Florindo deutend:* Wünschen Sie, daß ich hierbleibe und dem Signore zur Verfügung stehe?

BEATRICE *leise zu Truffaldino:* Ja, du wirst ihn zum Signor Pantalone begleiten.

TRUFFALDINO *wie oben:* In dem Fall bin ich ihm auch zu Diensten, weil der Pasquale nicht da ist.

BEATRICE: Ja, steh ihm zu Diensten, damit tust du mir einen Gefallen. *Für sich:* Ich liebe ihn mehr als mich selbst. *Ab.*

Zwölfte Szene

Florindo *und* Truffaldino.

TRUFFALDINO: Der läßt sich doch einfach nicht blicken! Sein Herr zieht sich an, geht aus, und er läßt sich nicht blicken!

FLORINDO: Von wem sprichst du?

TRUFFALDINO: Vom Pasquale. Ich mag ihn, er ist mein Freund, aber er ist auch ein großer Faulpelz. Ich bin eben ein Diener, der's gleich für zwei schafft!

FLORINDO: Hilf mir beim Ankleiden. Inzwischen kommt vielleicht der Bankier.

TRUFFALDINO: Signore, wie ich höre, wollen sich Euer Gnaden zum Signor Pantalone begeben.

FLORINDO: Schön, und was willst du damit sagen?

TRUFFALDINO: Ich möchte mir etwas von Ihnen ausbitten.

FLORINDO: In der Tat, das hast du dir auf Grund deiner guten Leistungen verdient!

TRUFFALDINO: Wenn was schiefgegangen ist, Sie wissen ja: der Pasquale hat's verbrochen.

FLORINDO: Aber wo ist denn dieser verdammte Pasquale? Bekommt man ihn nie zu sehen?

TRUFFALDINO: Der Lump wird schon kommen. Also, Signore, ich möcht Sie um einen Gefallen bitten.

FLORINDO: Was willst du?

TRUFFALDINO: Ich armer Kerl bin ebenfalls verliebt.

FLORINDO: Du bist verliebt?

TRUFFALDINO: Jawohl, Signore. Und meine Liebste ist Kammermädchen beim Sior Pantalone; und ich hätt gern, daß Euer Gnaden ...

FLORINDO: Was habe ich damit zu schaffen?

TRUFFALDINO: Oh, ich sag ja nicht, daß Sie was damit zu schaffen haben. Aber da ich doch Ihr Diener bin, könnten Sie vielleicht beim Sior Pantalone ein gutes Wort für mich einlegen.

FLORINDO: Man muß sehen, ob das Mädchen dich haben will.

TRUFFALDINO: Das Mädchen will mich schon haben. Da reicht ein Wort zum Sior Pantalone; und ich bitt Sie um diese Freundlichkeit.

FLORINDO: Ja, das will ich machen. Aber wie kannst du denn eine Frau ernähren?

TRUFFALDINO: Ich tu eben, was ich kann. Und ich verlaß mich auf den Pasquale.

FLORINDO: Verlaß dich lieber ein bißchen mehr auf deine Vernunft. *Ab ins Zimmer.*

TRUFFALDINO: Werd ich diesmal nicht vernünftig, dann werd ich's überhaupt nicht mehr! *Ab ins Zimmer, nach Florindo.*

Dreizehnte Szene

Zimmer in Pantalones Haus.

Pantalone, *der* Dottore, Clarice, Silvio *und* Smeraldina.

PANTALONE: Los, Clarice, sei nicht so starrköpfig. Du siehst doch, wie's dem Sior Silvio leid tut und daß er dich um Verzeihung bittet. Und wenn er sich falsch benommen hat, dann hat er's nur aus Liebe getan. Ich hab ihm seinen Unsinn schon verziehen, und das mußt du jetzt auch tun.

SILVIO: Meßt meinen Schmerz an Euerm, Signora Clarice; und je mehr mich die Angst, Euch zu verlieren, in Aufruhr versetzt hat, um so mehr solltet Ihr davon überzeugt sein, daß ich Euch wirklich liebe. Der Himmel will unser Glück, seid den Wohltaten des Himmels gegenüber nicht undankbar! Trübt nicht mit Rachegedanken den schönsten Tag unseres Lebens!

DOTTORE: Ich schließe mich den Bitten meines Sohnes an. Meine Signora Clarice, meine liebe Schwiegertochter, vergebt dem Armen; er wäre fast wahnsinnig geworden.

SMERALDINA: Ach, meine Padrona, was wollen Sie denn machen? Die Männer behandeln uns doch alle mehr oder weniger grausam. Sie verlangen die unerschütterlichste Treue, und beim kleinsten Verdacht schreien sie uns an, mißhandeln uns und möchten uns lieber tot als lebendig sehen. Den einen oder den andern müssen Sie ja doch heiraten. Und so sprech ich zu Ihnen, wie man zu einem Kranken spricht: Wenn Ihnen schon nichts anderes übrigbleibt, dann schlucken Sie halt die Medizin!

PANTALONE: Hast du das gehört? Die Smeraldina nennt die Heirat eine Medizin. Sieh zu, daß sie dir nicht bitter schmeckt! *Leise zum Dottore:* Man muß sie ein bißchen aufmuntern.

DOTTORE: Nein, sie schmeckt nicht bitter und ist auch keine Medizin. Die Heirat ist ein Konfekt, ein Sirup, eine kandierte Frucht.

SILVIO: Aber meine liebe Clarice, kommt denn gar kein Wort von Euern Lippen? Ich weiß, daß ich es verdiente, von Euch bestraft zu werden, aber straft mich um alles in der Welt mit Euern Worten und nicht mit Euerm Schweigen! *Sich hinkniend:* Hier knie ich zu Euern Füßen, laßt Euch erweichen!

CLARICE *seufzend, zu Silvio hin:* Herzloser!

PANTALONE *leise zum Dottore:* Habt Ihr das Seufzerchen gehört? Ein gutes Zeichen.

DOTTORE *leise zu Silvio:* Du mußt noch nachdrücklicher werden.

SMERALDINA *für sich:* Ein Seufzer ist wie ein Blitz, er verkündet Regen.

SILVIO: Müßte ich annehmen, Ihr verlangtet mein Blut als Sühne für meine angebliche Grausamkeit, ich würde es Euch geben. Aber, o Gott! Begnügt Euch statt des Blutes aus meinen Adern mit dem, was mir aus den Augen quillt. *Weint.*

PANTALONE *für sich:* Bravo!

CLARICE *wie oben, doch liebevoller:* Herzloser!

DOTTORE *leise zu Pantalone:* Sie ist restlos verschossen!

PANTALONE *zu Silvio, ihm aufhelfend:* Los, steht schon auf! *Ihn an der Hand fassend:* Kommt her. *Clarice an der Hand fassend:* Kommt auch Ihr her, Signora. *Zu beiden:* So, und jetzt reicht Ihr Euch noch einmal die Hand. Schließt Frieden, weint nicht mehr, freut Euch, macht ein Ende, und damit hat sich's; und der Himmel mag Euch segnen.

DOTTORE: Alles in Ordnung!

SMERALDINA: In Ordnung! In Ordnung!

SILVIO *Clarices Hand haltend:* Ach, Signora Clarice, ich bitte Euch!

CLARICE: Undankbarer!

SILVIO: Liebe!

CLARICE: Unmensch!

SILVIO: Meine Seele!

CLARICE: Tier!

SILVIO: Mein liebes Herz!

CLARICE *seufzend:* Oh!

PANTALONE *für sich:* Es klappt.

SILVIO: Verzeiht mir um Himmels willen!

CLARICE *seufzend:* Oh! Ich habe Euch verziehen.

PANTALONE *für sich:* Es hat geklappt!

DOTTORE: Na, Silvio, sie hat dir vergeben.

SMERALDINA: Die Kranke ist bereit, reicht ihr die Medizin!

VIERZEHNTE SZENE

BRIGHELLA *und* DIE VORIGEN.

BRIGHELLA *hereinkommend:* Ist es erlaubt, darf ich eintreten?

PANTALONE: Kommt nur herein, Gevatter Brighella. Ihr habt mir doch diesen ganzen Unsinn aufgeschwatzt, Ihr habt mir doch versichert, daß es wirklich der Sior Federigo ist, nicht wahr?

BRIGHELLA: Lieber Signore, wer hätte sich nicht schon mal getäuscht? Das waren zwei Geschwister, die sich wie zwei Apfelhälften ähnlich sahen. Und bei dem Aufzug hätt ich meinen Kopf gewettet, daß er's ist.

PANTALONE: Schluß damit. Erledigt. Was gibt's Neues?

BRIGHELLA: Die Signora Beatrice ist da und will Euch ihre Aufwartung machen.

PANTALONE: Die soll nur kommen. Ich laß bitten.

CLARICE: Arme Signora Beatrice; ich freue mich, daß sie sich wohl befindet.

SILVIO: Vergebt Ihr der Signora Beatrice?

CLARICE: Ja, ganz und gar.

SILVIO: Und mir?

CLARICE: Ach, Herzloser!

PANTALONE *zum Dottore:* Hört Ihr, was für Liebesworte?

DOTTORE *zu Pantalone:* Mein Sohn weiß schon, was sich schickt.

PANTALONE *zum Dottore:* Meine Tochter, das arme Kind, hat schließlich ein gutes Herz.

SMERALDINA: Na, die verstehen schon alle beide ihre Rolle!

Fünfzehnte Szene

Beatrice *und* die Vorigen.

BEATRICE: Meine Herrschaften, da bin ich, und ich bitte euch um Verzeihung, daß ihr wegen meiner in Unannehmlichkeiten gekommen seid ...

CLARICE: Keine Ursache, liebe Freundin, kommt her. *Umarmt sie.*

SILVIO: Wie! *Bringt sein Mißfallen über diese Umarmung zum Ausdruck.*

BEATRICE *zu Silvio:* Ach, nicht einmal eine Frau?

SILVIO *für sich:* Diese Kleidung bringt mich immer noch aus der Fassung.

PANTALONE: Ich muß schon sagen, Siora Beatrice, für eine Frau und für Eure Jugend seid Ihr ganz schön couragiert!

DOTTORE *zu Beatrice:* Ein starkes Stück, Padrona.

BEATRICE: Die Liebe bringt Großes zustande.

PANTALONE: Nun habt Ihr Euern Geliebten wiedergefunden, nicht wahr? Man hat's mir berichtet.

BEATRICE: Ja, dem Himmel sei's gedankt.

DOTTORE *zu Beatrice:* Wahrlich, ein reputierliches Verhalten!

BEATRICE *zum Dottore:* Signore, Ihr habt mit meinen Angelegenheiten nichts gemein.

SILVIO: Lieber Herr Vater, laßt doch jeden nach seiner eigenen Art verfahren; regt Euch nicht über derlei Dinge auf. Jetzt, da ich selbst voller Glück bin, möchte ich auch, daß alle Welt sich freut. Sollen vielleicht noch andere Ehen geschlossen werden? Dann möge dies geschehen.

SMERALDINA *zu Silvio:* Ja, Signore, da wär nämlich die meine.

SILVIO: Mit wem denn?

SMERALDINA: Mit dem ersten, der kommt.

SILVIO: Finde ihn dir, ich bin bereit.

CLARICE *zu Silvio:* Ihr: Wozu denn?

SILVIO: Zu einer kleinen Mitgift.

CLARICE: Dazu braucht man Euch nicht.

SMERALDINA *für sich:* Sie hat Angst, daß er ihr weggeschnappt wird! Jetzt ist sie hinter den Geschmack gekommen.

Sechzehnte Szene

Truffaldino *und* die Vorigen.

TRUFFALDINO: Meine Verehrung, die Herrschaften!

BEATRICE *zu Truffaldino:* Wo ist der Signor Florindo?

TRUFFALDINO: Er ist da, und er möcht auch hereinkommen, wenn's erlaubt wird.

BEATRICE: Signor Pantalone, erlaubt Ihr, daß der Signor Florindo hereinkommt?

PANTALONE *zu Beatrice:* Wär das also der bewußte Freund?

BEATRICE: Ja, mein Bräutigam.

PANTALONE: Er soll gern kommen.

BEATRICE *zu Truffaldino:* Bitte ihn herein.

TRUFFALDINO *leise zu Smeraldina:* Jungferlein, ich grüß Euch.

SMERALDINA *leise zu Truffaldino:* Tag, Schwarzköpfchen.

TRUFFALDINO *wie oben:* Wir sprechen noch miteinander.

SMERALDINA *wie oben:* Worüber?

TRUFFALDINO *deutet an, ihr den Ring zu geben. Wie oben:* Wenn Ihr wollt.

SMERALDINA *wie oben:* Warum auch nicht?

TRUFFALDINO *wie oben:* Wir sprechen noch miteinander. *Ab.*

SMERALDINA *zu Clarice:* Meine Padrona, wenn die Herrschaften nichts dagegen haben, möchte ich Sie um einen Gefallen bitten.

CLARICE: Was willst du? *Tritt mit ihr zur Seite, um ihren Wunsch zu hören.*

SMERALDINA *leise zu Clarice:* Ich bin auch ein armes Mädchen, das gern versorgt sein möchte. Und der Diener der Signora Beatrice will mich haben. Wenn Sie ein Wort mit seiner Herrin reden würden, damit sie erlaubt, daß er mich nimmt, dann könnte ich hoffen, glücklich zu werden.

CLARICE *leise zu Smeraldina:* Ja, meine liebe Smeraldina, das werde ich gern tun; sobald ich Gelegenheit habe, mit Beatrice zu sprechen, tu ich das ganz bestimmt. *Auf ihren Platz zurück.*

PANTALONE *zu Clarice:* Was ist das für eine Geheimniskrämerei?

CLARICE: Gar nichts, Signore. Sie hat mir nur etwas gesagt.

SILVIO *leise zu Clarice:* Darf ich's denn wissen?

CLARICE *für sich:* So eine Neugier! Und dann redet man noch über uns Frauen!

Letzte Szene

Florindo, Truffaldino *und* die Vorigen.

FLORINDO: Allerergebenster Diener, die Herrschaften. *Alle grüßen ihn. Zu Pantalone:* Sind Sie der Herr des Hauses?

PANTALONE: Zu dienen.

FLORINDO: Sie erlauben, daß ich Ihnen meine ganze Ergebung zu Füßen lege, wozu mich die Signora Beatrice ermuntert hat, deren vergangene Geschicke Ihnen ebenso wie die meinen bekannt geworden sein dürften.

PANTALONE: Ich freue mich, Sie kennenzulernen und Sie zu begrüßen. Und ich freu mich auch herzlich über Ihr Glück.

FLORINDO: Die Signora Beatrice soll meine Frau werden, und wenn Sie uns diese Ehre nicht versagen, so bitte ich Sie, unsern Verspruch zu vollziehen.

PANTALONE: Was zu geschehen hat, das geschehe gleich. Geben Sie sich die Hand.

FLORINDO: Ich bin bereit, Signora Beatrice.

BEATRICE: Hier meine Hand, Signor Florindo.

SMERALDINA *für sich:* Die lassen sich nicht erst bitten.

PANTALONE: Nachher machen wir den Saldo auf unseren Rechnungen. Bringt Ihr erst Eure Geschäfte ins reine, dann bringen wir auch die unseren ins reine.

CLARICE *zu Beatrice:* Meine Freundin, ich freue mich.

BEATRICE *zu Clarice:* Und ich aus ganzem Herzen mit Euch.

SILVIO *zu Florindo:* Signore, kennen Sie mich noch?

FLORINDO: Ja, ich kenn Euch; Ihr wolltet Euch schlagen.

SILVIO: Und das habe ich sogar zu meinem Schaden getan. *Auf Beatrice deutend:* Bitte, man hat mich entwaffnet und fast ums Leben gebracht.

BEATRICE *zu Silvio:* Ihr könnt auch sagen, daß man Euch das Leben geschenkt hat.

SILVIO: Ja, das ist richtig.

PANTALONE: Alles ist in Ordnung und erledigt.

TRUFFALDINO: Aber das Beste fehlt noch, meine Herrschaften.

PANTALONE: Was fehlt?

TRUFFALDINO *zu Florindo, ihn beiseite ziehend:* Bitt schön, auf ein Wort.

FLORINDO *leise zu Truffaldino:* Was willst du?

TRUFFALDINO *leise zu Florindo:* Wissen Sie noch, was Sie mir versprochen haben?

FLORINDO *wie oben:* Was denn? Das weiß ich nicht mehr.

TRUFFALDINO *wie oben:* Daß Sie den Sior Pantalone bitten wollen, mir die Smeraldina zur Frau zu geben.

FLORINDO *wie oben:* Ja, jetzt erinnere ich mich wieder. Ich tu's gleich.

TRUFFALDINO *für sich:* Mir armem Kerl soll er auch Achtung verschaffen.

FLORINDO: Signor Pantalone, wenn ich auch eben erst die Ehre gehabt habe, Sie kennenzulernen, so erkühne ich mich doch, Sie um eine Gefälligkeit zu bitten.

PANTALONE: Sprechen Sie nur. Wo ich kann, will ich Ihnen gern zu Diensten sein.

FLORINDO: Mein Diener möchte so gern Euer Kammermädchen zur Frau. Hättet Ihr Bedenken, sie ihm zu geben?

SMERALDINA *für sich:* Jetzt will mich gar noch einer! Wer ist denn das? Wenn ich ihn wenigstens kennen würde!

PANTALONE *zu Smeraldina:* Mir soll's recht sein. Und was meint Ihr dazu, Padrona?

SMERALDINA: Wenn ich annehmen könnte, daß ich gut aufgehoben bin ...

PANTALONE *zu Florindo:* Ist denn dieser Diener was wert?

FLORINDO: Obwohl er mir erst kurze Zeit dient, kann ich doch sagen, daß er verläßlich ist, und über Geschicklichkeit scheint er auch zu verfügen.

CLARICE: Signor Florindo, Ihr seid mir in einer Angelegenheit zuvorgekommen, die ich hätte zur Sprache bringen sollen. Ich sollte nämlich die Heirat meines Kammermädchens mit dem Diener der Signora Beatrice vorschlagen. Nun habt Ihr schon für Euern Diener um sie geworben; damit ist mein Vorschlag hinfällig.

FLORINDO: Nein, keineswegs. Wenn Euch so daran gelegen ist, trete ich selbstverständlich zurück und lasse Euch völlig freie Hand.

CLARICE: Ich möchte aber auf gar keinen Fall, daß mein Anliegen dem Euern vorgezogen wird. Außerdem kann ich Euch sagen, daß ich mich nicht allzu sehr gebunden habe. Setzt ruhig Euer Werk fort.

FLORINDO: Das ist nur Höflichkeit von Eurer Seite. *Zu Pantalone:* Signor Pantalone, was ich Euch gesagt habe, möge ungesagt sein. Kein Wort mehr zu Euch über meinen Diener; jetzt wünsche ich sogar, daß er sie auf gar keinen Fall heiratet.

CLARICE: Wenn der Eure sie nicht heiratet, dann hat der andere sie ebenfalls nicht zu heiraten. Die Angelegenheit muß wenigstens gleich zu gleich stehen.

TRUFFALDINO *für sich:* Oh, die machen sich gegenseitig Komplimente, und ich krieg keine Frau!

SMERALDINA *für sich:* Am Ende bekomme ich keinen von beiden.

PANTALONE: Na, einigt Euch schon. Das arme Kind will gern heiraten. Geben wir sie dem einen oder dem andern.

FLORINDO: Dem meinen nicht. Ich möchte der Signora Clarice kein Unrecht antun.

CLARICE: Meinerseits gilt das ebenso für den Signor Florindo.

TRUFFALDINO: Meine Herrschaften, die Geschichte bring ich jetzt in Ordnung. *Zu Florindo:* Signor Florindo, haben Sie nicht die Smeraldina für Ihren Diener verlangt?

FLORINDO: Ja. Hast du's nicht selbst gehört?

TRUFFALDINO *zu Clarice:* Und Sie, Signora Clarice, wollten Sie nicht die Smeraldina dem Diener der Signora Beatrice geben?

CLARICE: Natürlich habe ich davon gesprochen.

TRUFFALDINO: Gut, wenn sich das so verhält: gib mir die Hand, Smeraldina.

PANTALONE *zu Truffaldino:* Warum soll sie denn ausgerechnet Euch die Hand geben?

TRUFFALDINO: Weil ich nämlich der Diener des Signor Florindo und der Signora Beatrice bin.

FLORINDO: Wie?

BEATRICE: Was sagst du da?

TRUFFALDINO: Immer mit der Ruhe! *Zu Florindo:* Sior Florindo, wer hat Sie gebeten, beim Sior Pantalone um die Smeraldina zu werben?

FLORINDO: Du hast mich darum gebeten.

TRUFFALDINO *zu Clarice:* Und Sie, Signora Clarice, für wen wollten Sie die Smeraldina haben?

CLARICE: Für Euch.

TRUFFALDINO: Also gehört die Smeraldina mir.

FLORINDO: Signora Beatrice, wo befindet sich Euer Diener?

BEATRICE: Hier steht er. Ist es nicht der Truffaldino?

FLORINDO: Der Truffaldino? Der ist doch mein Diener.

BEATRICE: Ist nicht der Pasquale Euer Diener?

FLORINDO: Der Pasquale? Der müßte doch Euer Diener sein.

BEATRICE *zu Truffaldino:* Wie verhält sich diese Angelegenheit?

Truffaldino bittet mit Gebärden um Verzeihung.

FLORINDO: Du Gauner!

BEATRICE: Du Lump!

FLORINDO: Du hast zwei Herren zur gleichen Zeit gedient?

TRUFFALDINO: Jawohl, Signore, das Bravourstück hab ich mir geleistet. Ich bin da ganz unvermutet reingerutscht, aber versuchen wollt ich's doch. Ich hab's zwar nicht lang durchgehalten, das stimmt schon, aber ich kann wenigstens den Ruhm für mich in Anspruch nehmen, daß mich keiner dabei erwischt hat. Und jetzt hab ich mich aus Liebe zu dem Mädchen selber verraten. Ich hab mich recht geplagt und auch Fehler begangen. Und nun hoff ich nur noch, daß mir die werten Herrschaften um der Absonderlichkeit der Geschichte willen ihre Verzeihung schenken.

MIRANDOLINA

LA LOCANDIERA

(italienisch)

1752

Komödie in drei Akten

Personen

Der Cavaliere von Ripafratta
Der Marchese von Forlipopoli
Der Conte von Albafiorita
Mirandolina, *Gastwirtin*
Ortensia | *Komödiantinnen*
Dejanira |
Fabrizio, *Bedienter des Gasthofs*
Diener des Cavaliere
Diener des Conte

Ort der Handlung: Florenz, im Gasthof Mirandolinas

ERSTER AKT

Erste Szene

Zimmer im Gasthof.

Der Marchese von Forlipopoli *und der* Conte von Albafiorita.

MARCHESE: Zwischen Ihnen und mir ist immerhin ein Unterschied.

CONTE: Im Gasthof gilt Ihr Geld soviel wie meines.

MARCHESE: Aber wenn mir die Wirtin besondere Ehre erweist, so gebührt mir das mehr als Ihnen.

CONTE: Aus welchem Grund?

MARCHESE: Ich bin der Marchese von Forlipopoli.

CONTE: Und ich bin der Conte von Albafiorita.

MARCHESE: Ja, Conte! Gekaufte Grafschaft!

CONTE: Ich habe meine Grafschaft gekauft, als Sie Ihr Marquisat verkauften.

MARCHESE: Ach, genug! Ich weiß, wer ich bin, und man hat mir Achtung entgegenzubringen.

CONTE: Wer verweigert sie Ihnen denn? Sie sind derjenige, welcher ... um einmal ganz offen zu sprechen ...

MARCHESE: Ich befinde mich in diesem Gasthof, weil ich die Wirtin liebe. Das wissen alle, und alle haben eine junge Frau zu achten, die mir gefällt.

CONTE: Was Sie nicht sagen! Wollen Sie mich etwa daran hindern, Mirandolina zu lieben? Was glauben Sie denn, weshalb ich in Florenz bin? Was glauben Sie denn, weshalb ich in diesem Gasthof bin?

MARCHESE: Und wenn auch! Sie werden gar nichts ausrichten.

CONTE: Ich nicht, aber wohl Sie, was?

MARCHESE: Ja, ich. Und nicht Sie. Ich weiß, wer ich bin. Mirandolina benötigt meine Protektion.

CONTE: Mirandolina braucht Geld, nicht Protektion.

MARCHESE: Geld? . . . Daran fehlt es nicht.

CONTE: Ich gebe täglich eine Zechine aus, Signor Marchese, und beschenke Mirandolina dauernd.

MARCHESE: Und was ich tue, darüber rede ich nicht.

CONTE: Sie reden nicht darüber, aber man weiß es bereits.

MARCHESE: Man weiß nicht alles.

CONTE: Doch, lieber Marchese, man weiß. Die Bedienten sagen es ja: drei Paoletti am Tag.

MARCHESE: Apropos, die Bedienten: da ist doch einer, der Fabrizio heißt, und der gefällt mir gar nicht. Anscheinend sieht ihn die Wirtin ganz gern.

CONTE: Vielleicht will sie ihn heiraten. Das wäre gar nicht so unvernünftig. Ihr Vater ist vor sechs Monaten gestorben. Eine junge Frau, die ganz allein einen Gasthof führt, kann leicht in Verlegenheit geraten. Was mich betrifft, so habe ich ihr dreihundert Scudi versprochen, falls sie sich verheiratet.

MARCHESE: Wenn sie heiratet, dann nehme ich sie unter meine Protektion, und ich werde . . . Nun, ich weiß, was ich tun werde.

CONTE: Kommen Sie, treffen wir ein Freundschaftsabkommen: jeder von uns gibt ihr dreihundert Scudi.

MARCHESE: Was ich tue, das tue ich im geheimen und prahle nicht damit. Ich weiß, wer ich bin. Wer ist da?

CONTE *für sich:* Habenichts! Hungerleider! Aufschneider!

ZWEITE SZENE

FABRIZIO *und* DIE VORIGEN.

FABRIZIO *zum Marchese:* Sie wünschen, Signore?

MARCHESE: Signore? Wer hat dich denn dein Benehmen gelehrt?

FABRIZIO: Verzeihen Sie.

CONTE *zu Fabrizio:* Sag mal: Wie befindet sich die junge Padrona?

FABRIZIO: Sie befindet sich wohl, Euer Hochwohlgeboren.

MARCHESE: Ist sie schon aufgestanden?

FABRIZIO: Ja, Euer Hochwohlgeboren.

MARCHESE: Esel!

FABRIZIO: Weshalb, Euer Hochwohlgeboren?

MARCHESE: Was soll das »Euer Hochwohlgeboren«?

FABRIZIO: Das ist der Titel, den ich auch diesem andern Edelmann gebe.

MARCHESE: Zwischen ihm und mir ist immerhin ein gewisser Unterschied.

CONTE *zu Fabrizio:* Hast du das gehört?

FABRIZIO *leise zum Conte:* Er spricht die Wahrheit. Der Unterschied ist da: ich merk's an der Rechnung.

MARCHESE: Sag deiner Herrin, sie soll zu mir kommen: ich habe mit ihr zu reden.

FABRIZIO: Jawohl, Exzellenz. Hab ich's jetzt wieder falsch gemacht?

MARCHESE: Es ist gut so. Du weißt es nun schon drei Monate, aber du bist eben ein impertinenter Kerl.

FABRIZIO: Wie Sie befehlen, Exzellenz.

CONTE *zu Fabrizio:* Soll ich dir den Unterschied klarmachen zwischen dem Marchese und mir?

MARCHESE: Wie meinen Sie das?

CONTE: Da, nimm. Ich schenke dir eine Zechine. Sieh zu, daß er dir auch eine schenkt.

FABRIZIO *zum Conte:* Danke, Euer Hochwohlgeboren. *Zum Marchese:* Exzellenz ...

MARCHESE: Ich werfe es nicht so weg wie die Narren. Geh!

FABRIZIO *zum Conte:* Euer Hochwohlgeboren, der Himmel möge Sie segnen. *Zum Marchese:* Exzellenz! *Für sich:* Hungerleider! Außer Landes kann man mit Titeln keine Ehre einlegen, da braucht's schon Geld. *Geht.*

Dritte Szene

Der Marchese *und der* Conte.

MARCHESE: Sie wollen mich durch Geschenke übertreffen, aber damit werden Sie gar nichts erreichen. Mein Adel ist mehr wert als Ihr Geld.

CONTE: Ich achte nicht, was man ist, sondern was man ausgeben kann.

MARCHESE: Stürzen Sie sich nur in Ausgaben. Mirandolina macht sich doch nichts aus Ihnen.

CONTE: Und Sie mit Ihrer ganzen Adelswürde: glauben Sie vielleicht, daß Mirandolina sich etwas aus Ihnen macht? Dazu gehört schon Geld.

MARCHESE: Ach was, Geld! Protektion gehört dazu; man muß auch gelegentlich eine Gefälligkeit erweisen können.

CONTE: Ja, man muß gelegentlich hundert Dublonen leihen können.

MARCHESE: Man muß sich Achtung verschaffen können.

CONTE: Wem's an Geld nicht fehlt, der wird von aller Welt geachtet.

MARCHESE: Sie wissen nicht, was Sie sagen.

CONTE: Ich versteh mehr davon als Sie.

Vierte Szene

Der Cavaliere von Ripafratta *kommt aus seinem Zimmer.* Die Vorigen.

CAVALIERE: Freunde, was ist das für ein Spektakel? Haben Sie vielleicht Streit?

CONTE: Wir disputieren über eine herrliche Sache.

MARCHESE *ironisch:* Der Conte disputierte mit mir über das Verdienst des Adels.

CONTE: Ich will nichts gegen das Verdienst des Adels sagen, aber ich behaupte, daß man Geld braucht, um seine Launen zu befriedigen.

CAVALIERE: In der Tat, mein Marchese ...

MARCHESE: Ach, sprechen wir von etwas anderem.

CAVALIERE: Was war denn die Ursache dieses Streits?

CONTE: Es war die lächerlichste Ursache der Welt.

MARCHESE: Ja, bravo! Der Conte zieht alles ins Lächerliche.

CONTE: Der Signor Marchese liebt unsere Wirtin. Und ich liebe sie noch mehr. Er verlangt Gegenliebe als Tribut für seinen Adel. Und ich hoffe darauf als Belohnung für meine Aufmerksamkeiten. Glauben Sie nicht auch, daß dieser Streit lächerlich ist?

MARCHESE: Man muß nämlich wissen, wie eifrig ich sie protegiere.

CONTE *zum Cavaliere:* Er protegiert, ich gebe.

CAVALIERE: Wahrlich, nichts verdient weniger, daß darum gestritten wird. Eine Frau bringt Sie in Aufruhr? Läßt Sie die Fassung verlieren? Eine Frau? Was muß ich nur hören? Eine Frau! Nein, ich werde niemals in die Verlegenheit kommen, mit jemandem über Frauen zu streiten. Niemals habe ich sie geliebt, niemals habe ich mir etwas aus ihnen gemacht, und ich bin immer der Meinung gewesen, daß die Frau für den Mann eine nicht zu ertragende Krankheit ist.

MARCHESE: Was das anbelangt, so hat Mirandolina ein außergewöhnliches Verdienst.

CONTE: Soweit hat der Signor Marchese recht. Unsere junge Wirtin ist wirklich liebenswert.

MARCHESE: Und wenn ich sie liebe, dann können Sie davon überzeugt sein, daß etwas Großes an ihr ist.

CAVALIERE: Damit fordern Sie mich nur zum Lachen heraus. Was kann sie schon Außergewöhnliches an sich haben, das nicht allen andern Frauen auch zu eigen wäre?

MARCHESE: Es ist etwas Edles an ihr, das einfach hinreißt.

CONTE: Sie ist hübsch, sie hat eine schöne Sprache, sie kleidet sich nett und hat einen vorzüglichen Geschmack.

CAVALIERE: Alles Dinge, die keinen Pfifferling wert sind. Ich bin jetzt schon drei Tage in diesem Gasthof, ohne daß sie den geringsten Eindruck auf mich gemacht hätte.

CONTE: Betrachten Sie sie einmal: vielleicht finden Sie dann etwas Gutes an ihr.

CAVALIERE: Ach, Unsinn! Ich habe sie genügend gesehen. Eine Frau wie jede andere.

MARCHESE: Sie ist aber nicht wie jede andere, sie hat den anderen etwas voraus. Ich habe ja die vornehmsten Damen frequentiert, aber ich bin noch keiner Frau begegnet, die so viel Liebreiz und Würde in sich vereinigt.

CONTE: Zum Donnerwetter! Ich hab doch Erfahrung im Umgang mit Frauen, ich kenne ihre Fehler und Schwächen. Aber von der habe ich auch nicht den kleinen Finger bekommen können, obwohl ich ihr so ausdauernd den Hof mache und eine Menge Geld dabei ausgebe.

CAVALIERE: List, nichts als ausgeklügelte List. Armer Narr! Glauben Sie mir nur, bei mir verfängt das nicht! Frauen! Einen Bogen muß man um sie machen, einen möglichst großen Bogen!

CONTE: Sind Sie denn noch nie verliebt gewesen?

CAVALIERE: Nie. Und ich werde es nie sein. Man hat schon Himmel und Hölle in Bewegung gesetzt, um mich an die Frau zu bringen. Ich hab's nicht gelitten.

MARCHESE: Aber Sie sind doch der einzige männliche Sproß in Ihrem Hause: denken Sie nicht an Nachkommenschaft?

CAVALIERE: Das ist mir schon einige Male durch den Sinn gegangen. Aber wenn ich mir vorstelle, daß ich eine Frau erdulden muß, nur um Kinder zu bekommen, dann vergeht mir gleich die Lust dazu.

CONTE: Was wollen Sie denn mit Ihrem großen Vermögen anfangen?

CAVALIERE: Das wenige, was ich besitze, mit meinen Freunden genießen.

MARCHESE: Bravo, mein Cavaliere, bravo! Genießen wir!

CONTE: Und den Frauen wollen Sie gar nichts abgeben?

CAVALIERE: Auch nicht das geringste. Bei mir ist nichts zu holen.

CONTE: Da kommt ja unsere Wirtin. Sehen Sie nur, ist sie nicht wunderbar?

CAVALIERE: Ja, wunderbar! An einem guten Jagdhund ist mir allerdings viel mehr gelegen.

MARCHESE: Und wenn Ihnen auch nichts an ihr gelegen ist, mir ist sehr viel an ihr gelegen.

CAVALIERE: Ich laß sie Ihnen, und sei sie schöner als die Venus!

FÜNFTE SZENE

MIRANDOLINA *und* DIE VORIGEN.

MIRANDOLINA: Meine Ehrerbietung, edle Signori. Wer von Ihnen hat mich gewünscht?

MARCHESE: Ich habe Sie gewünscht, aber nicht hier.

MIRANDOLINA: Wo denn, Exzellenz?

MARCHESE: In meinem Zimmer.

MIRANDOLINA: In Ihrem Zimmer? Wenn Sie da etwas brauchen, so wird der Bediente kommen.

MARCHESE *leise zum Cavaliere:* Was sagen Sie zu diesem Benehmen?

CAVALIERE *leise zum Marchese:* Was Sie Benehmen nennen, nenne ich Frechheit und Impertinenz.

CONTE: Liebe Mirandolina, ich will Sie in aller Öffentlichkeit sprechen und Sie nicht in mein Zimmer bemühen. Sehen Sie sich einmal diese Pendants an. Gefallen sie Ihnen?

MIRANDOLINA: Hübsch!

CONTE: Wissen Sie, es sind Diamanten.

MIRANDOLINA: Oh, das sehe ich. Ich versteh mich auf Diamanten.

CONTE: Verfügen Sie darüber!

CAVALIERE *leise zum Conte:* Lieber Freund, das ist weggeworfen!

MIRANDOLINA: Warum wollen Sie mir dies Ohrgehänge schenken?

MARCHESE: Ha, was für ein großartiges Geschenk! Sie hat eins, das ist noch einmal so schön.

CONTE: Das sind aber Pendants nach der neuesten Fasson. Ich bitte Sie, nehmen Sie sie mir zuliebe.

CAVALIERE *für sich:* Der ist wahnsinnig!

MIRANDOLINA: Nein, wirklich, Signore ...

CONTE: Wenn Sie sie nicht nehmen, beleidigen Sie mich.

MIRANDOLINA: Ich weiß nicht, was ich sagen soll ... ich wünsche, daß mir die Gäste meines Hauses wohlgesinnt bleiben. Um also den Signor Conte nicht zu beleidigen, will ich sie annehmen.

CAVALIERE *für sich:* Durchtriebenes Frauenzimmer!

CONTE *zum Cavaliere:* Was halten Sie von ihrem Witz?

CAVALIERE *zum Conte:* Schöner Witz! Sie frißt und bedankt sich nicht einmal bei Ihnen.

MARCHESE: In der Tat, Signor Conte, Sie haben sich ein großes Verdienst erworben! Eine Frau aus purer Eitelkeit vor aller Welt zu beschenken. *Zu Mirandolina:* Mirandolina, ich muß Sie allein unter vier Augen sprechen: ich weiß, was sich gehört.

MIRANDOLINA *für sich:* So ein Habenichts! Und wie der die Hand über seinen Geldbeutel hält! *Laut:* Wenn die Signori sonst nichts wünschen, kann ich ja gehen.

CAVALIERE *herablassend:* He, Wirtin! Die Wäsche, die Sie mir gegeben haben, taugt nicht für mich. Wenn Sie keine feinere haben, besorge ich mir welche.

MIRANDOLINA: Signore, es wird schon feinere da sein. Sie sollen zufrieden sein. Aber ich denke, daß Sie Ihre Wünsche auch in einem etwas freundlicheren Ton äußern könnten.

CAVALIERE: Wo ich mein Geld ausgebe, brauche ich keine Komplimente zu machen.

CONTE *zu Mirandolina:* Verzeihen Sie ihm. Er ist ein geschworener Weiberfeind.

CAVALIERE: Ach, ich brauche Ihre Verzeihung nicht!

MIRANDOLINA: Die armen Frauen, was haben sie Ihnen nur getan? Weshalb so grausam mit uns, Signor Cavaliere?

CAVALIERE: Basta! Mehr Vertraulichkeiten werden Sie bei

mir nicht erreichen. Geben Sie mir andere Wäsche. Ich lasse sie durch den Diener holen. Meine Freunde, ich habe die Ehre! *Geht.*

SECHSTE SZENE

Der MARCHESE, *der* CONTE *und* MIRANDOLINA.

MIRANDOLINA: Was für ein ungehobelter Klotz! So einer ist mir noch nicht begegnet!

CONTE: Liebe Mirandolina, nicht alle wissen Ihre Vorzüge zu schätzen.

MIRANDOLINA: Wahrhaftig, mich hat seine Art und Weise so verärgert, daß ich ihm augenblicklich kündigen werde.

MARCHESE: Richtig! Und wenn er nicht gehen will, dann sagen Sie es mir nur, ich werde ihn sofort vertreiben! Zählen Sie getrost auf meine Protektion.

CONTE: Und was den Schaden betrifft, der Ihnen daraus erwachsen könnte: ich komme für alles auf. *Leise zu Mirandolina:* Hören Sie, schicken Sie auch den Marchese weg. Ich zahl's.

MIRANDOLINA: Danke, meine Signori, danke. Ich traue mir auch alleine zu, einem Fremden begreiflich zu machen, daß er unerwünscht ist. Und was das Finanzielle anbelangt: mein Gasthof kennt keine leeren Zimmer.

SIEBENTE SZENE

FABRIZIO *und* DIE VORIGEN.

FABRIZIO *zum Conte:* Euer Hochwohlgeboren, es ist einer da, der Sie sprechen will.

CONTE: Weißt du, wer es ist?

FABRIZIO: Ich glaube, ein Goldschmied. *Leise zu Mirandolina:* Mirandolina, nehmen Sie Vernunft an! Hier ist nicht der richtige Platz für Sie. *Geht.*

CONTE: Ach ja! Er soll mir ja eine Arbeit zeigen. Mirandolina, die Pendants müssen ihr Gegenstück bekommen.

MIRANDOLINA: Nicht doch, Signor Conte ...

CONTE: Ihnen gebührt vieles, und Geld spielt bei mir keine Rolle. Ich will mir den Schmuck ansehen. Auf Wiedersehen, Mirandolina. Signor Marchese, meine Hochachtung! *Geht.*

ACHTE SZENE

Der MARCHESE *und* MIRANDOLINA.

MARCHESE *für sich:* Verfluchter Conte! Mit seinem Geld erschlägt er mich.

MIRANDOLINA: Der Signor Conte macht wirklich zuviel Aufhebens.

MARCHESE: Wenn solche Leute erst ein paar Kröten haben, müssen sie sie gleich aus lauter Prahlerei und Dünkel wieder ausgeben. Die Sorte kenne ich. Ich weiß, wie es in der Welt zugeht.

MIRANDOLINA: Oh, ich weiß schon auch, wie es in der Welt zugeht.

MARCHESE: Die glauben, daß man Frauen Ihrer Art durch Geschenke gewinnen kann.

MIRANDOLINA: Geschenke verursachen keine Magenbeschwerden.

MARCHESE: Ich hätte Angst, Sie zu beleidigen, wollte ich versuchen, Sie durch Geschenke zu verpflichten.

MIRANDOLINA: Oh, der Signor Marchese haben mich bestimmt noch nie beleidigt.

MARCHESE: Und so etwas werde ich Ihnen auch niemals antun.

MIRANDOLINA: Davon bin ich ganz felsenfest überzeugt.

MARCHESE: Doch wo ich kann, stehe ich Ihnen ganz zur Verfügung.

MIRANDOLINA: Ich müßte erst wissen, wo Euer Exzellenz das können.

MARCHESE: In allem. Stellen Sie mich auf die Probe.

MIRANDOLINA: Aber worin denn, ich bitte Sie!

MARCHESE: Meiner Treu! Sie haben eine bewundernswerte Art!

MIRANDOLINA: Zu gütig, Exzellenz.

MARCHESE: Oh, ich möchte fast eine Dummheit sagen. Ich möchte beinahe meine Exzellenz verwünschen.

MIRANDOLINA: Wieso denn, Signore?

MARCHESE: Manchmal wünschte ich, das zu sein, was der Conte ist.

MIRANDOLINA: Ist sein Geld vielleicht der Grund dazu?

MARCHESE: Ach, Geld! Daraus mache ich mir gar nichts! Wäre ich so ein lächerlicher Conte wie er ...

MIRANDOLINA: Was würden Sie dann ...?

MARCHESE: Beim Teufel ... ehelichen würde ich Sie. *Geht.*

Neunte Szene

Mirandolina *allein.*

MIRANDOLINA: Huch! Was hat er gesagt? Seine hochwohllöbliche Exzellenz, der Signor Marchese. Abgebrannt, und mich ehelichen? Und wenn er auch die Absicht hätte, mich zu heiraten, so wäre doch noch ein kleiner Haken an der Sache. Ich würde ihn gar nicht wollen. Mir schmeckt der Braten, aber was soll ich mit dem Dunst? Hätte ich alle geheiratet, die gesagt haben, daß sie mich möchten ... oh, wie viele Männer hätte ich da schon! Alle, die in meinem Gasthof Logis nehmen, verlieben sich in mich. Alle spielen sie die Schwerenöter. Und wie viele stellen mir gar Heiratsanträge! Und dieser Signor Cavaliere, dieser rauhbautzige Bär, kommt mir so grob? Das ist doch der erste Fremde in meinem Gasthof, der nicht meine Gesellschaft sucht. Ich will ja nicht sagen, daß sie sich alle Hals über Kopf in mich verlieben müssen. Aber mich gleich so verachten? Da muß einem ja die Galle hochkommen. Ein Weiberfeind ist er? Kann keine sehen? Armer Narr! Wahrscheinlich ist er noch nicht an die Richtige geraten. Er wird sie finden, er wird sie schon finden! Vielleicht hat er sie schon? Mit solchen nehm ich's gerade auf. Die mir nachrennen, habe ich bald leid. Der Adel taugt nicht für mich, aus Reichtum mache ich mir nicht besonders viel. Ich finde es am schönsten, wenn ich bedient, umschwärmt und angebetet werde. Das ist meine schwache Seite, und das ist bei fast allen Frauen so. Ans Heiraten denke ich gar nicht. Ich brauche niemand. Ich lebe in Ehren und genieße meine Freiheit. Ich pflege Umgang mit allen und verliebe mich in keinen. Verspotten will ich sie, all die komischen Gestalten schmachtender Liebhaber! Und will meine ganze Kunst daran setzen, die Barbarischen und Hartherzigen zu besiegen, zu Fall zu bringen und verbluten zu lassen, die uns feind sind: uns, dem Besten, das die herrliche Mutter Natur auf Erden hervorgebracht hat!

ZEHNTE SZENE

FABRIZIO *und* MIRANDOLINA.

FABRIZIO: Wirtin!

MIRANDOLINA: Was gibt's?

FABRIZIO: Der Fremde im Mittelzimmer regt sich über die Wäsche auf. Er behauptet, daß sie ordinär sei, und er will sie nicht haben.

MIRANDOLINA: Ich weiß, ich weiß. Mir hat er es auch gesagt. Er soll seinen Willen bekommen.

FABRIZIO: Gut. Richten Sie mir die Sachen her, dann will ich sie ihm bringen.

MIRANDOLINA: Sie können gehen. Ich bring sie ihm selbst.

FABRIZIO: Sie wollen sie ihm bringen?

MIRANDOLINA: Ja, ich.

FABRIZIO: Dann muß Ihnen aber viel an diesem Fremden gelegen sein.

MIRANDOLINA: An allen ist mir gelegen. Kümmern Sie sich um Ihre eigenen Sachen.

FABRIZIO *für sich:* Ich seh schon, es wird nichts mit uns beiden. Sie macht mir zwar Hoffnungen, aber es wird doch nichts daraus.

MIRANDOLINA *für sich:* Armer Einfaltspinsel! Er hat Absichten auf mich. Ich will ihm die Hoffnung nicht nehmen, damit er mir treu dient.

FABRIZIO: Es war doch immer so üblich, daß ich die Fremden bediene.

MIRANDOLINA: Sie sind etwas unfreundlich zu den Fremden.

FABRIZIO: Und Sie zu freundlich.

MIRANDOLINA: Ich weiß selbst, was ich zu tun habe, und brauche keine Vorschriften.

FABRIZIO: Schon gut. Sehen Sie sich nach einem andern Bedienten um.

MIRANDOLINA: Aber warum denn, Signor Fabrizio? Können Sie mich denn nicht mehr leiden?

FABRIZIO: Erinnern Sie sich noch, was Ihr Vater zu uns beiden sagte, bevor er starb?

MIRANDOLINA: Ja. Wenn ich Lust habe zu heiraten, werde ich mich auch daran erinnern, was mein Vater sagte.

FABRIZIO: Aber ich habe eine empfindliche Haut und kann bestimmte Dinge nicht vertragen.

MIRANDOLINA: Für was hältst du mich denn? Für eine leichtfertige Person? Für eine Anbändlerin? Für eine Verrückte? Ich muß mich doch sehr über dich wundern. Was habe ich denn mit den Fremden vor, die hier kommen und gehen? Behandle ich sie gut, dann tu ich das in meinem eigenen Interesse, um meinem Haus den guten Ruf zu erhalten. Geschenke brauche ich keine. Und Liebe? Eine genügt mir; daran fehlt's mir nicht. Und ich weiß, wer sie verdient, und ich weiß, was ich mir schuldig bin. Und wenn ich dann heiraten möchte ... dann werde ich mich an meinen Vater erinnern. Und wer mir treu gedient hat, wird sich nicht über mich zu beklagen haben. Ich zeige mich erkenntlich. Ich weiß Verdienste zu schätzen ... Aber man kennt mich ja nicht. Genug, Fabrizio: verstehen Sie mich, wenn Sie können. *Geht.*

FABRIZIO: Wer die verstehen kann, ist tüchtig. Einmal sieht es so aus, als wollte sie mich, ein andermal, als wollte sie mich nicht. Sie behauptet, keine leichtfertige Person zu sein, aber sie will alles so tun, wie es ihr paßt. Ich weiß nicht, was ich dazu sagen soll. Wir werden sehen. Sie gefällt mir gut und ich mag sie, und mit ihr würde ich auf Lebenszeit meine Angelegenheiten in Ordnung bringen. Ach, man muß eben die Augen zudrücken und einiges übersehen. Schließlich kommen und gehen die Fremden, aber ich bin immer da. Das Beste bleibt mir doch. *Geht.*

Elfte Szene

Zimmer des Cavaliere.

Der Cavaliere, *ein* Diener.

DIENER: Euer Hochwohlgeboren, hier ist ein Brief für Sie.

CAVALIERE: Bring mir die Schokolade. *Diener geht. Der Cavaliere öffnet den Brief.* »Siena, den 1. Januar 1733.« Wer schreibt denn da? »Orazio Taccagni. Liebster Freund. Die herzliche Freundschaft, die mich mit Ihnen verbindet, drängt mich, Ihnen mitzuteilen, daß Ihre Heimkehr vonnöten ist. Der Conte Manna ist gestorben ...« Armer Conte! Das tut mir leid! »Er hat seiner einzigen und heiratsfähigen Tochter hundertundfünfzigtausend Scudi hinterlassen. Alle Ihre Freunde möchten gerne, daß Ihnen ein solches Glück zufiele, und sie nehmen sich bereits der Sache an ...« Meinetwegen sollen sie sich bemühen, ich denke nicht daran. Die wissen doch, daß mir keine Frau in die Quere zu kommen hat. Und dieser liebe Freund, der das am besten weiß, ärgert mich am allermeisten damit. *Zerreißt den Brief.* Was mach ich mir schon aus hundertfünfzigtausend Scudi? Solange ich allein bin, brauche ich nicht soviel. Und wäre ich nicht allein, brauchte ich viel mehr. Eine Frau für mich! Dann schon lieber das Quartanfieber!

Zwölfte Szene

Der Marchese *und der* Cavaliere.

MARCHESE: Mein Freund, haben Sie etwas dagegen, wenn ich ein bißchen zu Ihnen komme?

CAVALIERE: Sie erweisen mir eine Ehre.

MARCHESE: Wir beide können wenigstens unter uns reden. Dieser Esel von einem Conte verdient es gar nicht, mit uns zu konversieren.

CAVALIERE: Lieber Marchese, verzeihen Sie: achten Sie die andern, wenn Sie selbst geachtet werden wollen.

MARCHESE: Sie kennen ja meine Art. Ich bin zu jedermann zuvorkommend, aber gerade ihn kann ich nicht leiden.

CAVALIERE: Sie können ihn nicht leiden, weil er Ihr Rivale in der Liebe ist? Das ist beschämend! Ein Edelmann wie Sie verliebt sich in eine Wirtin! Ein so vernünftiger Mann wie Sie läuft einer Frau nach!

MARCHESE: Mein lieber Cavaliere, sie hat mich verhext!

CAVALIERE: Ach, Unsinn! Schwäche! Was denn für eine Hexerei? Und was sagen Sie dazu, daß mich die Frauen nicht verhexen können? Ihre Zauberkünste, das sind ihre Verlockungen, ihre Schmeicheleien. Und wer sich von ihnen fernhält, wie ich das tue, läuft keine Gefahr, von ihnen verhext zu werden.

MARCHESE: Genug damit! Darüber mache ich mir nicht so viele Gedanken. Aber etwas anderes ist mir wirklich peinlich und beunruhigt mich: mein Gutsverwalter.

CAVALIERE: Hat er Ihnen etwas angerichtet?

MARCHESE: Er hat sein Wort nicht gehalten.

Dreizehnte Szene

Der Diener *mit einer Schokolade und* die Vorigen.

CAVALIERE: Oh, ich bedaure ... *Zum Diener:* Mach sofort noch eine andere!

DIENER: Gnädiger Herr, es reicht heute nicht mehr für eine andere.

CAVALIERE *zum Marchese:* Es muß erst welche besorgt werden. Wenn ich Ihnen diese anbieten darf ...

MARCHESE *nimmt seelenruhig die Schokolade, trinkt einen Schluck und trinkt und spricht wie folgt:* Dieser Gutsverwalter, wie ich Ihnen bereits sagte ... *Trinkt.*

CAVALIERE *für sich:* Und ich kann zuschauen!

MARCHESE: ... hatte mir versprochen, mir durch den Botendienst ... zwanzig Zechinen ... *Trinkt.*

CAVALIERE *für sich:* Gleich kommt der zweite Streich.

MARCHESE: ... und hat sie mir nicht geschickt ... *Trinkt.*

CAVALIERE: Er wird sie ein andermal schicken.

MARCHESE: Ja, nämlich ... es ist nämlich ... *Trinkt aus. Zum Diener:* Nehmen Sie. *Gibt die Tasse dem Diener.* ... Es ist nämlich so, daß ich in großer Verlegenheit bin und nicht weiß, was ich tun soll.

CAVALIERE: Acht Tage früher, acht Tage später ...

MARCHESE: Aber Sie als Edelmann verstehen doch, was es heißt, sein Wort zu halten. Ich habe Verpflichtungen, und ... zum Donnerwetter, es ist zum Aus-der-Haut-Fahren!

CAVALIERE: Es tut mir leid, Sie so verstimmt zu sehen. *Für sich:* Wenn ich nur wüßte, wie ich mich mit Anstand aus der Affäre ziehen könnte!

MARCHESE: Würde es Ihnen etwas ausmachen, mir für acht Tage auszuhelfen?

CAVALIERE: Lieber Marchese, herzlich gern würde ich Ihnen zur Verfügung stehen, wenn ich könnte. Hätte ich das Geld, hätte ich es Ihnen natürlich sofort angeboten. Ich erwarte welches, aber ich habe keins.

MARCHESE: Sie wollen mir doch nicht weismachen, daß Sie ohne Geld sind.

CAVALIERE: Sehen Sie: das ist alles, was ich habe. Nicht einmal zwei Zechinen: *Zeigt ihm eine Zechine und etwas Kleingeld.*

MARCHESE: Das ist eine Goldzechine.

CAVALIERE: Ja, die letzte. Mehr habe ich nicht.

MARCHESE: Leihen Sie mir diese, ich will inzwischen zusehen . . .

CAVALIERE: Und was soll ich . . .

MARCHESE: Was fürchten Sie? Ich gebe sie Ihnen ja wieder.

CAVALIERE: Was soll ich sagen? Nehmen Sie. *Gibt ihm die eine Zechine.*

MARCHESE: Ich habe eine dringende Angelegenheit zu erledigen . . . mein Freund: indessen besten Dank. Wir sehen uns beim Essen. *Nimmt die Zechine und geht.*

VIERZEHNTE SZENE

CAVALIERE *allein.*

CAVALIERE: Bravo! Der Signor Marchese wollte mir zwanzig Zechinen abknöpfen und war's dann mit einer zufrieden. Eine Zechine kann man ja schließlich verschmerzen. Wenn er sie mir nicht wiedergibt, wird er mich auch nicht mehr belästigen. Ärgerlicher ist schon, daß er mir meine Schokolade ausgetrunken hat. Ein unmögliches Benehmen! Und dann dieses: »Ich weiß, wer ich bin. Ich bin Edelmann!« O du hochgesitteter Edelmann!

FÜNFZEHNTE SZENE

MIRANDOLINA *mit der Wäsche; der* CAVALIERE.

MIRANDOLINA: Ist es erlaubt, Euer Hochwohlgeboren? *Tritt etwas befangen ein.*

CAVALIERE *barsch:* Was wünschen Sie?

MIRANDOLINA *kommt ewas weiter nach vorne:* Hier ist feinere Wäsche.

CAVALIERE *deutet auf den Tisch:* Gut, Nur dorthin.

MIRANDOLINA: Ich bitte Sie, haben Sie wenigstens die Güte und werfen Sie einen Blick darauf, ob Sie Ihnen auch genehm ist.

CAVALIERE: Was ist das für Zeug?

MIRANDOLINA *kommt noch weiter nach vorne:* Die Betttücher sind aus bestem französischem Leinen.

CAVALIERE: Aus französischem Leinen?

MIRANDOLINA: Ja, Signore, für zehn Paoli die Elle. Sehen Sie nur.

CAVALIERE: So viel habe ich nicht verlangt. Ich wollte nur etwas Besseres als das, was Sie mir gegeben hatten.

MIRANDOLINA: Diese Wäsche habe ich für besonders geachtete Gäste angefertigt, für solche, die sie auch zu schätzen wissen. Tatsächlich, Euer Hochwohlgeboren, ich gebe sie Ihnen nur, weil Sie es sind. Einem andern hätte ich sie nicht gegeben.

CAVALIERE: »Weil Sie es sind!« Das sagt man immer.

MIRANDOLINA: Betrachten Sie dieses Tischzeug.

CAVALIERE: Oh, dies flandrische Linnen büßt doch beim Waschen sehr viel ein. Es ist nicht nötig, daß diese Sachen meinetwegen schmutzig werden.

MIRANDOLINA: Bei einem Edelmann, wie Sie einer sind, machen mir diese Kleinigkeiten nichts aus. Solche Servietten habe ich noch genug, und ich werde sie für Euer Hochwohlgeboren reservieren.

CAVALIERE *für sich:* Man kann nicht leugnen, sie ist ein verbindliches Frauenzimmer.

MIRANDOLINA *für sich:* Wahrhaftig, man sieht's schon an seinem grimmigen Gesicht, daß er die Frauen nicht leiden kann.

CAVALIERE: Geben Sie die Wäsche meinem Diener, oder legen Sie sie da irgendwo hin. Sie sollen sich deswegen nicht bemühen.

MIRANDOLINA: Oh, so hervorragende Edelleute zu bedienen, bedeutet für mich keine Mühe.

CAVALIERE: Schon gut; ich brauche nichts mehr. *Für sich:* Die will sich bei mir lieb Kind machen. Frauen! Die eine wie die andere!

MIRANDOLINA: Ich leg's in den Alkoven.

CAVALIERE *streng:* Bitte, wie Sie denken.

MIRANDOLINA *für sich:* Oh, das ist ein harter Brocken! Ich fürchte, da ist nichts zu wollen. *Bringt die Wäsche weg.*

CAVALIERE *für sich:* Dummköpfe hören auf diese schönen Worte, glauben sie und fallen prompt herein.

MIRANDOLINA *kommt ohne die Wäsche zurück:* Was wünschen Sie zu essen?

CAVALIERE: Ich werde essen, was auf den Tisch kommt.

MIRANDOLINA: Trotzdem möchte ich gern Ihren Geschmack kennen. Falls Ihnen das eine Gericht mehr zusagt als das andere, so sagen Sie es ganz offen.

CAVALIERE: Falls ich etwas wünsche, beauftrage ich den Diener damit.

MIRANDOLINA: Ach, für diese Dinge bringen die Männer nicht soviel Aufmerksamkeit und Geduld auf wie wir Frauen. Wenn es Sie also nach irgendeinem feinen Ragout oder einer feinen Sauce verlangen sollte, so bitte ich Sie, mir das zu sagen.

CAVALIERE: Ich danke Ihnen, aber auch auf diese Weise wird es Ihnen nicht gelingen, mit mir das zu machen, was Sie mit dem Conte und dem Marchese gemacht haben.

MIRANDOLINA: Was sagen Sie nur zu der Schwäche dieser beiden Edelleute! Sie kommen in einen Gasthof, um dort zu logieren, und dann wollen sie auch noch mit der Wirtin anbändeln! Wir haben anderes im Kopf, als ihr Gerede zu beachten! Uns interessiert das Geschäft: und wenn wir ihnen gute Worte geben, dann tun wir's, um die Kundschaft zu halten. Und was gerade mich betrifft: ich könnte mich biegen vor Lachen, wenn ich sehe, welche Hoffnungen sie sich machen!

CAVALIERE: Bravo! Ihre Aufrichtigkeit gefällt mir.

MIRANDOLINA: Oh, außer meiner Aufrichtigkeit habe ich auch nichts Gutes aufzuweisen.

CAVALIERE: Aber vor denen, die Ihnen den Hof machen, können Sie sich ganz gut verstellen!

MIRANDOLINA: Ich, und mich verstellen? Gott bewahre! Fragen Sie doch die beiden Signori, die mich so anhimmeln, ob ich Ihnen jemals ein Zeichen von Zuneigung gegeben habe, ob ich mit ihnen jemals auf eine Art und Weise gescherzt habe, daß sie sich begründete Hoffnungen machen könnten! Ich bin nicht garstig zu ihnen, denn das wäre ja gegen mein Interesse, aber es fehlt nicht viel daran. Diese Schürzenjäger kann ich nicht ausstehen. Frauen, die den Männern nachlaufen, sind mir ebenso zuwider. Sehen Sie, ich bin kein Backfisch, ich hab schon einige Jährchen hinter mir; ich bin zwar nicht schön, aber einige gute Gelegenheiten habe ich schon gehabt – trotzdem hab ich nie heiraten wollen, weil mir meine Freiheit so unendlich viel wert ist.

CAVALIERE: O ja, die Freiheit ist ein großes Gut.

MIRANDOLINA: Und so viele verlieren sie durch ihre Unvernunft!

CAVALIERE: Ich kenne nur eines: gehöriger Abstand!

MIRANDOLINA: Sind Euer Hochwohlgeboren verehelicht?

CAVALIERE: Der Himmel bewahre mich davor! Ich leide keine Frauen!

MIRANDOLINA: Ganz richtig. Bleiben Sie nur immer so. Die Frauen, Signore ... Genug, es schickt sich nicht für mich, schlecht von ihnen zu sprechen.

CAVALIERE: Übrigens sind Sie die erste Frau, von der ich so etwas höre.

MIRANDOLINA: Ich kann Ihnen sagen: wir Wirtinnen sehen und hören allerlei. Und in Wahrheit habe ich Verständnis für die Männer, die sich vor unserm Geschlecht fürchten.

CAVALIERE *für sich:* Ist die aber wunderlich!

MIRANDOLINA *tut, als wollte sie gehen:* Mit Verlaub, Euer Hochwohlgeboren.

CAVALIERE: Haben Sie es eilig?

MIRANDOLINA: Ich möchte Ihnen nicht lästig fallen.

CAVALIERE: Nein, ganz im Gegenteil, Sie unterhalten mich.

MIRANDOLINA: Sehen Sie, Signore, so mache ich es nämlich mit den anderen: ich bleibe ein bißchen, bin ziemlich aufgeräumt, erzähle ein paar Witze, um sie zu belustigen, und dann glauben sie gleich ... Sie verstehen schon, sie spielen die Schwerenöter.

CAVALIERE: Das kommt davon, weil Sie eine so freundliche Manier haben.

MIRANDOLINA *mit einer Verneigung:* Zu gütig, Euer Hochwohlgeboren.

CAVALIERE: Und dann verlieben sie sich!

MIRANDOLINA: Sehen Sie nur, was für eine Schwäche: sich augenblicks in eine Frau zu verlieben!

CAVALIERE: So etwas habe ich nie verstehen können.

MIRANDOLINA: Schöne Standhaftigkeit! Eine schöne Männlichkeit ist das!

CAVALIERE: Schwäche! Menschliche Misere!

MIRANDOLINA: So denkt ein rechter Mann! Signor Cavaliere, geben Sie mir Ihre Hand.

CAVALIERE: Warum soll ich Ihnen meine Hand geben?

MIRANDOLINA: Ich bitte Sie darum. Geruhen Sie es zu tun. Sehen Sie, ich bin ganz sauber.

CAVALIERE: Hier, meine Hand.

MIRANDOLINA: Das ist das erstemal, daß ich die Ehre habe, eines Mannes Hand zu nehmen, der auch wie ein wirklicher Mann denkt.

CAVALIERE *zieht seine Hand zurück:* Bitte ... genug jetzt.

MIRANDOLINA: Sehen Sie, hätte ich einem dieser aufgeblasenen Signori meine Hand gegeben, gleich hätte er gedacht, ich würde nach seiner Liebe schmachten, und wäre in einen Taumel geraten. Nicht um alles in der Welt würde ich denen auch die harmloseste Freiheit erlauben! Die verstehen nicht zu leben. Ach, es ist doch so schön, wenn man sich frei unterhalten kann, ohne Sticheleien und ohne Anspielungen, ohne den ganzen lächerlichen Unsinn. Euer Hochwohlgeboren, verzeihen Sie meine Impertinenz! Wo ich Ihnen dienen kann, befehlen Sie mir mit Autorität: ich will Ihnen so viel Aufmerksamkeit entgegenbringen, wie ich sie noch keinem Menschen entgegengebracht habe.

CAVALIERE: Warum diese Parteilichkeit für mich?

MIRANDOLINA: Weil ich, ganz abgesehen davon, daß Sie das verdienen, und ganz abgesehen von Ihrem Stand, die Sicherheit habe, daß ich mich wenigstens Ihnen gegenüber ungezwungen benehmen kann, ohne fürchten zu müssen, daß Sie meine Aufmerksamkeiten falsch auffassen; ich weiß, daß Sie mich als Magd betrachten und mich nicht mit lächerlichen Anforderungen und affektierten Grimassen quälen.

CAVALIERE *für sich:* Zum Teufel! Was hat die für eine wunderliche Art an sich, die ich nicht begreife!

MIRANDOLINA *für sich:* Der wilde Mann wird schon nach und nach gefügig werden.

CAVALIERE: Nun, wenn Sie zu tun haben, lassen Sie sich durch mich nicht aufhalten.

MIRANDOLINA: Ja, Signore, ich will mich wieder um die Hausarbeit kümmern. Das ist meine Liebe und mein Zeitvertreib. Wenn Sie einen Wunsch haben, werde ich den Bedienten schicken.

CAVALIERE: Gut ... Und wenn Sie sich gelegentlich auch einmal sehen lassen, so wird mich das freuen.

MIRANDOLINA: Eigentlich gehe ich ja nie zu den Gästen ins Zimmer, aber zu Ihnen werde ich manchmal kommen.

CAVALIERE: Zu mir ... Weshalb?

MIRANDOLINA: Weil mir Euer Hochwohlgeboren ganz außerordentlich gefallen.

CAVALIERE: Ich gefalle Ihnen?

MIRANDOLINA: Sie gefallen mir, weil Sie kein Schürzenjäger sind und nicht zu denen gehören, die sich verlieben. *Für sich:* Ich will einen Besen fressen, wenn ich ihm nicht vor morgen noch den Kopf verdrehe! *Geht.*

Sechzehnte Szene

Der CAVALIERE *allein.*

CAVALIERE: Ha! Ich weiß, wie ich mich zu verhalten habe! Frauen? Abstand! Die hier wäre allerdings eine, die mich eher herumkriegen könnte als alle anderen. So eine Offenheit, so eine Ungezwungenheit im Reden ist ein seltenes Ding. Es ist irgend etwas Besonderes an ihr. Aber deswegen werde ich mich noch lange nicht verlieben. Wenn ich mich ein bißchen vergnügen wollte, würde ich mich ja eher mit ihr abgeben als mit irgendeiner andern. Aber mich in eine Liebesgeschichte einlassen? Um meine Freiheit zu verlieren? Da besteht keine Gefahr. Ein Narr, nichts als ein Narr, wer sich in die Frauen verliebt! *Geht.*

Siebzehnte Szene

Anderes Gastzimmer.

Ortensia, Dejanira, Fabrizio.

FABRIZIO: Dies steht zu Ihrer Verfügung, Ihre Hochwohlgeboren! Beachten Sie auch das andere Zimmer. Dort zum Schlafen und hier zum Essen, zum Empfang, oder wie Sie sonst zu verfügen belieben.

ORTENSIA: Gut, gut. Sind Sie der Wirt, oder gehören Sie zum Personal?

FABRIZIO: Ich gehöre zum Personal; zu Diensten, Ihre Hochwohlgeboren.

DEJANIRA *mit leisem Lachen zu Ortensia:* Er nennt uns »Ihre Hochwohlgeboren«!

ORTENSIA *leise zu Dejanira:* Wir müssen das Stichwort aufgreifen! *Laut:* Bedienter!

FABRIZIO: Ihre Hochwohlgeboren?

ORTENSIA: Sagen Sie dem Wirt, er soll herkommen. Ich will mit ihm alles Nähere ausmachen.

FABRIZIO: Die Wirtin wird kommen. Ich will ihr sofort Bescheid sagen. *Für sich:* Verflixt, was sind das nur für zwei Frauen, die so allein reisen? Ihrem Aussehen, ihrer Kleidung nach könnten es Damen sein. *Geht.*

Achtzehnte Szene

Dejanira *und* Ortensia.

DEJANIRA: Er tituliert uns mit »Ihre Hochwohlgeboren«. Er glaubt, wir sind Damen.

ORTENSIA: Schon recht. So wird er uns besser bedienen.

DEJANIRA: Und uns mehr Geld abknöpfen.

ORTENSIA: Na, wegen der Rechnung soll er's nur mit mir aufnehmen! Ich bin schließlich schon genug in der Welt herumgekommen!

DEJANIRA: Ich möchte nicht, daß wir wegen dieser Titel in irgendwelche Schwierigkeiten geraten.

ORTENSIA: Liebe Freundin, Sie verstehen keinen Spaß. Zwei Komödiantinnen, die daran gewöhnt sind, auf der Bühne Gräfinnen, Marquisen und Prinzessinnen zu spielen, soll es vielleicht schwerfallen, eine Rolle in einem Wirtshaus zu spielen?

DEJANIRA: Wenn unsere Kollegen kommen, werden sie uns gleich die Maske abnehmen.

ORTENSIA: Heute können sie noch gar nicht in Florenz sein. Mit dem Frachtboot von Pisa hierher dauert es mindestens drei Tage.

DEJANIRA: So eine Verrücktheit! Mit dem Frachtboot zu fahren!

ORTENSIA: Weil sie blank sind. Es ist schon allerhand, daß wir die Kalesche bekommen haben.

DEJANIRA: Unsere Sondervorstellung ist aber gut gewesen.

ORTENSIA: Natürlich, aber wenn ich nicht am Eingang gestanden hätte, wäre nichts dabei herausgesprungen!

Neunzehnte Szene

Fabrizio *und* die Vorigen.

FABRIZIO: Die Wirtin wird Ihnen gleich zu Diensten sein.

ORTENSIA: Gut.

FABRIZIO: Und ich darf Sie bitten, ganz über mich zu verfügen. Ich habe schon andere Damen bedient. Es soll mir eine Ehre sein, auch Ihre Hochwohlgeboren mit ganzer Aufmerksamkeit zu bedienen.

ORTENSIA: Wenn ich Sie brauche, werde ich Sie rufen.

DEJANIRA *für sich:* Ortensia ist in diesen Rollen ganz groß.

FABRIZIO *holt ein Schreibzeug und ein Büchlein hervor:* Inzwischen darf ich die hochwohlgeborenen Damen inständig bitten, mir Ihre geehrten Namen zur Eintragung ins Gästebuch zu nennen.

DEJANIRA *für sich:* Jetzt wird's lustig!

ORTENSIA: Warum muß ich meinen Namen nennen?

FABRIZIO: Uns Wirtsleuten ist es zur Vorschrift gemacht, Namen, Herkunft, Heimat und Stand aller Fremden anzugeben, die in unserem Gasthof Logis beziehen. Und wehe, wenn wir das nicht täten!

DEJANIRA *leise zu Ortensia:* Freundin, jetzt ist's aus mit den Titeln!

ORTENSIA: Da werden wohl viele auch einen falschen Namen angeben.

FABRIZIO: Was das betrifft, so schreiben wir den Namen auf, den man uns angibt, und fragen nicht weiter danach.

ORTENSIA: Schreiben Sie: Baronessa Ortensia del Poggio aus Palermo.

FABRIZIO *schreibend:* Sizilianerin? Heißes Blut! *Zu Dejanira:* Und Sie, Euer Hochwohlgeboren?

DEJANIRA: Und ich ... *Leise für sich:* Ich weiß nicht, wie ich mich nennen soll.

ORTENSIA: Nun, Contessa Dejanira, nennen Sie ihm doch Ihren Namen.

FABRIZIO *zu Dejanira:* Ich bitte Sie inständig!

DEJANIRA *zu Fabrizio:* Haben Sie denn nicht gehört?

FABRIZIO *schreibend:* »Die hochwohlgeborene Signora Contessa Dejanira« ... Familienname?

DEJANIRA *zu Fabrizio:* Auch den Familiennamen?

ORTENSIA *zu Fabrizio:* Ja, dal Sole, aus Rom.

FABRIZIO: Das genügt. Verzeihen Sie die Störung. Die Wirtin wird sofort kommen. *Für sich:* Hab ich's nicht gesagt, daß es zwei Damen sind? Hoffentlich lohnt sich's auch für mich. An Trinkgeldern wird's ja nicht fehlen. *Geht.*

DEJANIRA: Untertänigste Dienerin, Signora Baronessa!

ORTENSIA: Contessa, ich verneige mich vor Ihnen! *Machen sich übereinander lustig.*

DEJANIRA: Welch gütigem Geschick verdanke ich diese herrliche Gelegenheit, Ihnen meine ergebenste Hochachtung zu Füßen zu legen?

ORTENSIA: Dem Born Ihres Herzens können auch nichts als Ströme des Wohlwollens entspringen.

ZWANZIGSTE SZENE

MIRANDOLINA *und* DIE VORIGEN.

DEJANIRA *zu Ortensia, mit Karikatur:* Madame, Sie schmeicheln mir!

ORTENSIA *ebenso:* Contessa, Sie verdienten noch weitaus mehr!

MIRANDOLINA *für sich, beiseite:* Oh, was für zeremoniöse Damen!

DEJANIRA *für sich:* Ach, ich möchte am liebsten herauslachen!

ORTENSIA *leise zu Dejanira:* Still! Die Wirtin ist da!

MIRANDOLINA: Ich verneige mich vor den Damen.

ORTENSIA: Guten Tag, die Jungfer.

DEJANIRA *zu Mirandolina:* Meine Hochachtung, Frau Wirtin!

ORTENSIA *macht Dejanira ein Zeichen, Haltung zu bewahren:* He!

MIRANDOLINA *zu Ortensia:* Erlauben Sie, daß ich Ihnen die Hand küsse.

ORTENSIA *reicht ihr die Hand:* Wie verbindlich.

Dejanira lacht für sich.

MIRANDOLINA *bittet um Dejaniras Hand:* Auch Ihnen, Euer Hochwohlgeboren.

DEJANIRA: Ach, das ist nicht nötig . . .

ORTENSIA: Nun, nehmen Sie doch die Höflichkeit der Jungfer an! Reichen Sie ihr die Hand.

MIRANDOLINA: Ich bitte Sie inständig.

DEJANIRA *reicht ihr die Hand, dreht sich um und lacht:* Hier.

MIRANDOLINA: Euer Hochwohlgeboren lachen? Worüber denn?

ORTENSIA: Ach, die liebe Contessa! Sie lacht noch über mich. Ich habe etwas Albernes gesagt, und da mußte sie lachen.

MIRANDOLINA *für sich:* Das sind gewiß keine Damen. Wären Sie Damen, wären sie nicht allein.

ORTENSIA *zu Mirandolina:* Wir müssen uns noch über die Bewirtung einigen.

MIRANDOLINA: Sind Sie denn allein? Sind Sie nicht von Kavalieren begleitet, von Dienern? Haben Sie gar niemand?

ORTENSIA: Der Barone, mein Mann ...

Dejanira lacht laut.

MIRANDOLINA *zu Dejanira:* Warum lachen Sie, Signora?

ORTENSIA: Nun, warum lachen Sie?

DEJANIRA: Ich lache über den Barone, Ihren Gatten.

ORTENSIA: Ja, er ist ein lustiger Kavalier: er erzählt fortwährend Witze. Er wird auch so bald als möglich kommen, zusammen mit dem Conte Orazio, dem Gatten der Contessina.

Dejanira will sich unbedingt das Lachen verbeißen.

MIRANDOLINA *zu Dejanira:* Müssen Sie auch über den Signor Conte lachen?

ORTENSIA: Aber Contessina! Etwas Haltung!

MIRANDOLINA: Meine Damen, erlauben Sie gütigst: wir sind hier allein, und niemand hört uns. Diese Grafschaft, diese Baronie, könnten sie nicht ...

ORTENSIA: Was wollen Sie damit sagen? Zweifeln Sie etwa an unserem Adel?

MIRANDOLINA: Verzeihung, Euer Hochwohlgeboren. Regen Sie sich doch nicht auf, die Signora Contessa muß sonst lachen.

DEJANIRA: Ach, was haben wir schon davon!

ORTENSIA *droht ihr:* Contessa, Contessa!

MIRANDOLINA *zu Dejanira:* Ich weiß, was Sie sagen wollten, Euer Hochwohlgeboren.

DEJANIRA: Wenn Sie es erraten, bewundere ich Sie.

MIRANDOLINA: Das wollten Sie sagen: Was haben wir schon davon, wenn wir uns als zwei Damen ausgeben und sind doch nur zwei Steine auf dem Spielbrett! Ist es nicht so?

DEJANIRA *zu Mirandolina:* Aber dann kennen Sie uns ja!

ORTENSIA: Was für eine tüchtige Komödiantin! Nicht einmal eine Rolle kann sie durchhalten!

DEJANIRA: Wenn ich nicht auf den Brettern stehe, kann ich mich nicht verstellen.

MIRANDOLINA: Bravo, Signora Baronessa, Ihre Art gefällt mir. Ich lobe Ihren Freimut.

ORTENSIA: Hie und da erlaube ich mir einen kleinen Scherz.

MIRANDOLINA: Und ich habe für Leute mit Witz eine Menge übrig. Bedienen Sie sich nur meines Gasthofs, wie Sie wünschen! Aber falls jemand von Rang eintreffen sollte, möchte ich Sie doch sehr bitten, mir das Appartement zur Verfügung zu stellen. Ich gebe Ihnen dafür recht bequeme Stübchen.

DEJANIRA: Herzlich gern.

ORTENSIA: Aber wenn ich mein Geld ausgebe, will ich auch dafür wie eine Dame bedient werden. In diesem Appartement bin ich, und hier bleibe ich.

MIRANDOLINA: Aber, Signora Baronessa, seien Sie doch nicht so ... Ach, da kommt ein Edelmann, der in unserm Gasthof logiert. Wenn der Frauen sieht, kommt er gleich an.

ORTENSIA: Ist er reich?

MIRANDOLINA: Ich bin über seine Verhältnisse nicht informiert.

EINUNDZWANZIGSTE SZENE

Der MARCHESE *und* DIE VORIGEN.

MARCHESE: Ist es gestattet? Darf man eintreten?

ORTENSIA: Bitte schön.

MARCHESE: Ihr Diener, meine Damen.

DEJANIRA: Ergebenste Dienerin.

ORTENSIA: Untertänigste Hochachtung.

MARCHESE *zu Mirandolina:* Es sind Fremde?

MIRANDOLINA: Ja, Exzellenz. Sie beehren meinen Gasthof.

ORTENSIA *für sich:* Eine Exzellenz! Sapperlot!

DEJANIRA *für sich:* Natürlich will ihn die Ortensia mit Beschlag belegen!

MARCHESE *zu Mirandolina:* Und wer sind die Damen?

MIRANDOLINA: Das ist die Baronessa Ortensia del Poggio, und das ist die Contessa Dejanira dal Sole.

MARCHESE: Oh, meine hochverehrten Damen!

ORTENSIA: Und wer sind Sie, Signore?

MARCHESE: Ich bin der Marchese von Forlipopoli.

DEJANIRA *für sich:* Die Wirtin will die Komödie fortsetzen.

ORTENSIA: Es ist für mich eine Freude und Ehre, einen so hervorragenden Edelmann kennenzulernen.

MARCHESE: Wenn ich Ihnen dienen kann, ich stehe zu Ihrer Verfügung. Ich freue mich, daß Sie in diesem Gasthof Logis genommen haben. Sie werden hier eine liebenswürdige Wirtin vorfinden.

MIRANDOLINA: Der edle Herr ist zu gütig. Er beehrt mich mit seiner Protektion.

MARCHESE: Ja, gewiß. Ich protegiere sie, und ich protegiere alle, die in ihren Gasthof kommen. Und wenn Sie etwas wünschen, dann befehlen Sie nur!

ORTENSIA: Bei Bedarf werde ich Ihre Freundlichkeit in Anspruch nehmen.

MARCHESE: Auch Sie, Signora Contessa, haben natürlich bei mir volles Guthaben.

DEJANIRA: Ich würde mich glücklich schätzen, wäre mir die hohe Ehre gestattet, mich zu Ihren untertänigsten Dienerinnen rechnen zu dürfen.

MIRANDOLINA *zu Ortensia:* Das hat sie aus der Komödie zitiert.

ORTENSIA *zu Mirandolina:* Der Titel Contessa hat sie in Verlegenheit gebracht.

Der Marchese zieht ein schönes Seidentuch aus der Tasche, faltet es auseinander und tut, als wollte er sich die Stirn damit abwischen.

MIRANDOLINA: Was für ein Tuch, Signor Marchese!

MARCHESE *zu Mirandolina:* Ach! Was halten Sie davon? Ist es nicht hübsch? Habe ich keinen guten Geschmack?

MIRANDOLINA: Natürlich haben Sie einen auserlesenen Geschmack.

MARCHESE *zu Ortensia:* Haben Sie je so etwas Schönes gesehen?

ORTENSIA: Es ist wundervoll! Ich habe noch nie so etwas gesehen. *Für sich:* Wenn er mir's schenkt, nehm ich's!

MARCHESE *zu Dejanira:* Das ist aus London.

DEJANIRA: Es ist hübsch, es gefällt mir recht gut.

MARCHESE: Habe ich nicht guten Geschmack?

DEJANIRA *für sich:* Und er sagt nicht: Es steht zu Ihrer Verfügung!

MARCHESE: Mein Wort, der Conte weiß sein Geld nicht anzulegen. Er verschwendet es und kauft nie eine Aufmerksamkeit von Geschmack.

MIRANDOLINA: Der Signor Marchese kennt, unterscheidet, weiß, sieht und versteht.

MARCHESE *faltet das Tuch mit Sorgfalt:* Man muß es mit Bedacht falten, damit es keinen Schaden leidet. Solche Sachen muß man besonders sorgfältig behandeln. *Reicht es Mirandolina:* Nehmen Sie.

MIRANDOLINA: Soll ich es in Ihr Zimmer bringen lassen?

MARCHESE: Nein, bringen Sie es in Ihres.

MIRANDOLINA: Warum ... in meines?

MARCHESE: Weil ... ich es Ihnen schenke.

MIRANDOLINA: Oh, Exzellenz, mit Verlaub ...

MARCHESE: Also! Ich schenke es Ihnen.

MIRANDOLINA: Aber ich möchte nicht ...

MARCHESE: Machen Sie mich nicht zornig!

MIRANDOLINA: Oh, was das betrifft: Signor Marchese wissen doch, ich möchte niemand beleidigen. Damit Sie also nicht zornig werden, will ich's nehmen.

DEJANIRA *zu Ortensia:* Das war gekonnt!

ORTENSIA *zu Dejanira:* Es soll einer noch was über die Komödiantinnen sagen!

MARCHESE *zu Ortensia:* Na? Was sagen Sie dazu? Ein Tuch von solcher Güte verehre ich meiner Wirtin!

ORTENSIA: Sie sind ein freigebiger Kavalier.

MARCHESE: Stets!

MIRANDOLINA *für sich:* Das ist das erste Geschenk, das er mir macht; ich kann mir nicht vorstellen, wie er zu dem Tuch gekommen ist.

DEJANIRA: Signor Marchese, gibt es diese Tücher in Florenz? Ich würde so gern das gleiche haben.

MARCHESE: Das gleiche, das dürfte sehr schwierig sein. Doch wir werden sehen.

MIRANDOLINA *für sich:* Alle Achtung, Signora Contessina!

ORTENSIA: Signor Marchese, da Sie sich in der Stadt so gut auskennen, tun Sie mir doch den Gefallen und schicken Sie mir einen guten Schuster! Ich brauche nämlich Schuhe.

MARCHESE: Ja, ich werde Ihnen meinen eigenen schicken.

MIRANDOLINA *für sich:* Wie die Räuber nach dem Geldsack! Die Gesichter, wenn er leer ist!

ORTENSIA: Signor Marchese, leisten Sie uns ein wenig Gesellschaft!

DEJANIRA: Speisen Sie mit uns!

MARCHESE: Ja, gerne! *Leise zu Mirandolina:* Ach, Mirandolina, seien Sie nicht eifersüchtig, ich bin der Ihre, das wissen Sie doch.

MIRANDOLINA *leise zu Marchese:* Aber bitte sehr! Ich freue mich, wenn Sie sich amüsieren.

ORTENSIA: Sie sollen uns unterhalten.

DEJANIRA: Wir kennen hier niemand. Wir haben nur Sie.

MARCHESE: Oh, meine verehrten, lieben Damen! Herzlich gerne bin ich Ihnen zu Diensten.

ZWEIUNDZWANZIGSTE SZENE

Der CONTE *und* DIE VORIGEN.

CONTE: Mirandolina, ich suchte Sie.

MIRANDOLINA: Ich bin hier bei diesen Damen.

CONTE: Damen? Meine Ehrerbietung!

ORTENSIA: Ergebenste Dienerin. *Leise zu Dejanira:* Der Protz hat mehr Geld als der andere!

DEJANIRA *leise zu Ortensia:* Aufs Schnorren bin ich nicht geeicht!

MARCHESE *leise zu Mirandolina:* Ach! Weisen Sie doch dem Conte das Tuch!

MIRANDOLINA *zeigt dem Conte das Tuch:* Sehen Sie nur, Signor Conte, was für ein hübsches Geschenk mir der Signor Marchese gemacht hat.

CONTE: Oh, wie mich das freut! Bravo, Signor Marchese!

MARCHESE: Äh, nichts. Nicht der Rede wert. Nur eine Kleinigkeit. Stecken Sie es wieder ein. Ich möchte nicht, daß Sie es weitererzählen. Was ich tue, geht niemand etwas an.

MIRANDOLINA *für sich:* Niemand soll's wissen, und doch läßt er mich's zeigen. Da kämpft der Stolz mit der Armut.

CONTE *zu Mirandolina:* Wenn die Damen gestatten, ich möchte Ihnen etwas sagen.

ORTENSIA: Bitte, tun Sie ganz, wie Sie wünschen!

MARCHESE *zu Mirandolina:* In der Tasche werden Sie das Tuch aber übel zurichten.

MIRANDOLINA: Oh, ich pack's in Watte, damit ihm ja nichts geschieht.

CONTE *zu Mirandolina:* Betrachten Sie einmal diesen kleinen Diamantschmuck.

MIRANDOLINA: Sehr hübsch.

CONTE: Ein Gegenstück zu den Ohrringen, die ich Ihnen verehrt habe.

Ortensia und Dejanira beobachten und tuscheln miteinander.

MIRANDOLINA: Ja, es ist ein Gegenstück, aber noch viel schöner.

MARCHESE *für sich:* Verdammter Conte mit seinen Diamanten und seinem Geld! Der Teufel soll ihn holen!

CONTE *zu Mirandolina:* Nun, damit Sie auch die passende Ergänzung haben, schenke ich Ihnen diesen Schmuck.

MIRANDOLINA: Das kann ich auf keinen Fall annehmen.

CONTE: Sie wollen mir doch nicht diesen Schimpf antun!

MIRANDOLINA: Oh, es ist nicht meine Art, jemandem Schimpf anzutun! Um Sie nicht zu verdrießen, will ich's nehmen.

Ortensia und Dejanira unterhalten sich wie oben über die Freigebigkeit des Conte.

MIRANDOLINA: Oh! Was halten Sie davon, Signor Marchese? Ist dieser Schmuck nicht elegant?

MARCHESE: In seiner Art ist das Tuch geschmackvoller.

CONTE: Gewiß, aber von Art zu Art besteht doch ein ganz hübscher Abstand.

MARCHESE: So etwas! Sich öffentlich einer großen Ausgabe zu rühmen!

CONTE: Ja, ja, und Sie machen Ihre Geschenke ganz im geheimen!

MIRANDOLINA *für sich:* Diesmal kann ich aber wirklich sagen: Wenn zwei sich streiten, freut sich der dritte!

MARCHESE: Also, meine Damen, ich werde mit Ihnen zu Tisch gehen?

ORTENSIA *zum Conte:* Wer sind Sie überhaupt, Signor?

CONTE: Ich bin der Conte von Albafiorita, zu Diensten.

DEJANIRA: Oho! Eine angesehene Familie, sie ist mir bekannt. *Stellt sich auch zum Conte.*

CONTE *zu Dejanira:* Ich bin zu Ihrer Verfügung.

ORTENSIA *zum Conte:* Sie logieren hier?

CONTE: Ja, Signora.

DEJANIRA *zum Conte:* Und bleiben längere Zeit?

CONTE: Ich denke, ja.

MARCHESE: Meine Damen, gewiß hat Sie das Stehen ermüdet. Soll ich Ihnen in Ihrem Zimmer meine Aufwartung machen?

ORTENSIA *herablassend:* Sehr verbunden. *Zum Conte:* Was sind Sie für ein Landsmann, Signor Conte?

CONTE: Neapolitaner.

ORTENSIA: Ach, da sind wir ja fast Landsleute. Ich bin nämlich aus Palermo.

DEJANIRA: Und ich bin aus Rom. Aber ich bin auch in Neapel gewesen, und aus ganz bestimmten Gründen würde ich gern mit einem neapolitanischen Edelmann sprechen.

CONTE: Ich stehe Ihnen zur Verfügung, meine Damen. Sie sind allein? Sie haben keine Männer?

MARCHESE *zum Conte:* Ich bin da, Signore. Sie werden nicht benötigt.

ORTENSIA: Wir sind allein, Signor Conte. Nachher erklären wir Ihnen, weshalb.

CONTE: Mirandolina.

MIRANDOLINA: Signore?

CONTE: Lassen Sie in meinem Zimmer für drei decken. *Zu Ortensia und Dejanira:* Sie erweisen mir doch die Ehre?

ORTENSIA: Wir nehmen Ihre Freundlichkeit gerne an.

MARCHESE: Aber ich bin von diesen Damen eingeladen worden!

CONTE: Die Damen sind frei, es so zu halten, wie ihnen beliebt. Jedenfalls ist an meinem kleinen Tisch nur Platz für drei.

MARCHESE: Das hat gerade noch gefehlt ...

ORTENSIA: Gehen wir, gehen wir, Signor Conte. Der Signor Marchese wird uns ein andermal beehren. *Geht.*

DEJANIRA: Signor Marchese, sollten Sie das Tuch sehen, dann vergessen Sie nicht ... *Geht.*

MARCHESE: Conte, Conte, das werden Sie mir bezahlen!

CONTE: Worüber beschweren Sie sich?

MARCHESE: Ich bin, der ich bin, und das ist keine Art und Weise. Genug ... Die will ein Tuch haben? Ein Tuch von der Sorte? Sie wird es nicht haben. Mirandolina, halten Sie es in Ehren. Solche Tücher sind einzig. Diamanten gibt es genug, aber nicht solche Tücher. *Geht.*

MIRANDOLINA *für sich:* Ach, was ist das für ein Narr!

CONTE: Liebe Mirandolina, haben Sie etwas dagegen, wenn ich mich den beiden Damen widme?

MIRANDOLINA: Nicht das mindeste, Signore.

CONTE: Ich tue das Ihretwegen. Ich tu's, um Ihrem Haus mehr Einkünfte und mehr Gäste zu sichern. Im übrigen bin ich ganz der Ihre. Ihnen gehören mein Herz und meine Reichtümer: verfügen Sie darüber nach Ihrem Ermessen! *Geht.*

Dreiundzwanzigste Szene

Mirandolina *allein.*

MIRANDOLINA: Mit seinem ganzen Reichtum und seinen ganzen Geschenken wird er doch nie erreichen, daß ich mich in ihn verliebe. Und noch viel weniger der Marchese mit seiner lächerlichen Protektion. Wenn ich mich schon mit einem der beiden einlassen wollte, dann jedenfalls mit dem, der mehr ausgeben kann. Aber es zieht mich weder zu dem einen noch zu dem andern. Ich hab mir in den Kopf gesetzt, den Cavaliere von Ripafratta in mich verliebt zu machen; und den Spaß möcht ich mit keinem Schmuck vertauschen, und wär er noch einmal so groß wie dieser hier! Ich will's versuchen. Ich weiß zwar nicht, ob ich soviel Geschick habe wie diese beiden Schauspielerinnen, aber ich will's eben versuchen. Solange sich der Conte und der Marchese mit den beiden beschäftigen, lassen sie mich ja in Ruhe, und da kann ich mich ungestört um den Cavaliere kümmern. Wenn der nicht klein beigibt! Welcher Mann kann auch einer Frau widerstehen, wenn er ihr alle Zeit läßt, ihre Künste spielen zu lassen? Wer flieht, braucht keine Niederlage zu fürchten; aber wer bleibt, wer zuhört und sein Vergnügen daran findet, der muß früher oder später die Waffen strecken, ob er will oder nicht.

ZWEITER AKT

Erste Szene

Zimmer des Cavaliere, gedeckter Tisch, Stühle.

Der Cavaliere, *sein* Diener, *dann* Fabrizio. *Der Cavaliere geht mit einem Buch in der Hand auf und ab. Fabrizio stellt die Suppe auf den Tisch.*

FABRIZIO *zum Diener:* Sagen Sie Ihrem Herrn: Wenn er zu speisen wünscht, die Suppe steht auf dem Tisch.

DIENER *zu Fabrizio:* Das können Sie ihm doch auch sagen.

FABRIZIO: Er ist so wunderlich, ich rede ihn ungern an.

DIENER: Aber er ist gar nicht so übel. Er mag nur keine Frauen, mit den Männern ist er manierlich.

FABRIZIO *für sich:* Er mag keine Frauen? Armer Tropf! Der weiß nicht, was gut ist! *Geht.*

DIENER *zum Cavaliere:* Wenn Euer Hochwohlgeboren geruhen, es ist angerichtet.

Der Cavaliere legt das Buch weg, setzt sich an den Tisch. Der Diener steht hinter dem Stuhl des Cavaliere, mit dem Teller unter dem Arm.

CAVALIERE *zum Diener, während er ißt:* Mir scheint, heute wird früher als sonst gegessen.

DIENER: In diesem Zimmer wurde zuerst serviert. Der Signor Conte von Albafiorita war zwar ganz aufgebracht darüber, weil er als erster bedient werden wollte, aber die Wirtin hat gewünscht, daß Euer Hochwohlgeboren zuerst bedient werden.

CAVALIERE: Ihre Aufmerksamkeit verpflichtet mich zu Dank.

DIENER: Sie ist eine liebenswürdige Frau, Euer Hochwohlgeboren. Wo ich auch gewesen bin, so einer netten Wirtin bin ich noch nie begegnet.

CAVALIERE *dreht sich ein wenig um:* Sie gefällt dir, was?

DIENER: Wenn ich Ihnen damit nicht unrecht täte, würde ich am liebsten bei Mirandolina in Dienst treten.

CAVALIERE: Armer Dummkopf! Was soll sie denn mit dir? *Reicht ihm den Teller, und jener tauscht ihn aus.*

DIENER: Einer Frau wie dieser würde ich wie ein Hündchen dienen. *Geht, um das nächste Gericht zu holen.*

CAVALIERE: Zum Donnerwetter! Sie verdreht allen den Kopf. Es wäre doch wirklich lächerlich, wenn sie mir auch den Kopf verdrehen würde. Jedenfalls fahre ich morgen nach Livorno. Soll sie's heute versuchen, wenn sie kann; sie wird schon merken, daß ich nicht so schwach bin. Bevor ich meine Abscheu vor Frauen verliere, ist schon etwas ganz anderes nötig!

ZWEITE SZENE

Der DIENER *mit einem gekochten Huhn und einem Schüsselchen, der* CAVALIERE.

DIENER: Die Wirtin läßt sagen, wenn Sie kein Hühnchen mögen, schickt sie Ihnen Täubchen.

CAVALIERE: Mir ist alles recht. Und was ist das?

DIENER: Die Wirtin hat mich beauftragt, ihr zu berichten, ob Euer Hochwohlgeboren diese Sauce schmeckt; sie hat sie selbst zubereitet.

CAVALIERE: Sie verpflichtet mich immer mehr. *Kostet.* Delikat! Sag ihr, daß es mir schmeckt und daß ich ihr danke.

DIENER: Ich werde es ihr ausrichten, Euer Hochwohlgeboren.

CAVALIERE: Sag's ihr sofort!

DIENER: Sofort. *Für sich:* Das ist aber ein Wunder! Einer Frau läßt er ein Kompliment ausrichten! *Geht.*

CAVALIERE *für sich:* Eine exquisite Sauce! Ich habe noch nie so eine ausgezeichnete gegessen. *Ißt.* Wahrhaftig, wenn es die Mirandolina immer so macht, wird sie auch immer Gäste haben. Guter Tisch, gute Wäsche, und man muß schon zugeben, daß sie liebenswürdig ist. Was ich aber am meisten an ihr schätze, ist ihre Aufrichtigkeit. Oh, diese wunderbare Aufrichtigkeit! Warum kann ich eigentlich die Weiber nicht leiden? Weil sie Heuchlerinnen, Lügnerinnen, Schmeichlerinnen sind. Aber diese schöne Aufrichtigkeit ...

DRITTE SZENE

Der DIENER *und der* CAVALIERE.

DIENER: Sie dankt Euer Hochwohlgeboren für die Güte, ihre geringen Dienste anzunehmen.

CAVALIERE: Bravo, Signor Zeremonienmeister, bravo.

DIENER: Sie bereitet jetzt eigenhändig ein anderes Gericht; aber ich weiß nicht, was es ist.

CAVALIERE: Bereitet sie?

DIENER: Ja, Signore!

CAVALIERE: Bring mir zu trinken.

DIENER: Jawohl. *Geht und füllt ein Glas.*

CAVALIERE: Nun, ihr muß man's mit Großzügigkeit entgelten. Sie ist zu aufmerksam: man muß ihr das Doppelte bezahlen, sie zuvorkommend behandeln, aber ... bald abreisen.

Der Diener reicht ihm das gefüllte Glas.

CAVALIERE: Ist der Conte zu Tisch gegangen? *Trinkt.*

DIENER: Ja, Euer Hochwohlgeboren, in diesem Augenblick. Er macht heute den Gastgeber. Zwei Damen speisen bei ihm.

CAVALIERE: Zwei Damen? Wer sind sie?

DIENER: Sie sind erst vor einigen Stunden hier abgestiegen. Wer sie sind, weiß ich nicht.

CAVALIERE: Kannte sie der Conte?

DIENER: Ich glaube, nein. Aber kaum hat er sie gesehen, hat er sie auch schon in sein Zimmer zum Essen eingeladen.

CAVALIERE: Was für eine Schwäche! Er sieht zwei Frauen, und schon hängt er sich an sie. Und sie sind's zufrieden. Der Himmel mag wissen, wer sie überhaupt sind. Sollen sie sein, was sie wollen: es sind Frauen, und das reicht! Der Conte wird sich noch ruinieren. Sag mal, ist der Marchese zu Tisch gegangen?

DIENER: Er verließ das Haus und hat sich noch nicht sehen lassen.

CAVALIERE: Trag auf! *Läßt sich einen anderen Teller geben.*

DIENER: Jawohl.

CAVALIERE: Zu Tisch mit zwei Frauen. Ha, schöne Gesellschaft! Mit ihren Fratzen würden sie mir doch nur den Appetit verderben!

VIERTE SZENE

MIRANDOLINA *mit einem Teller in der Hand, der* DIENER, *der* CAVALIERE.

MIRANDOLINA: Ist es erlaubt?

CAVALIERE: Wer ist da?

DIENER: Sie befehlen?

CAVALIERE: Nimm den Teller ab.

MIRANDOLINA: Verzeihung. Ich darf mir doch die Ehre nehmen, es Ihnen selbst auf den Tisch zu stellen? *Stellt das Gericht auf den Tisch.*

CAVALIERE: Das gehört nicht zu Ihren Obliegenheiten.

MIRANDOLINA: Oh, Signore, wer bin ich denn? Irgendeine Signora? Ich bin nur eine Dienerin dessen, dem es gefällt, meinen Gasthof zu betreten.

CAVALIERE *für sich:* Was für eine Schlichtheit!

MIRANDOLINA: Übrigens würde es mir gar nichts ausmachen, alle bei Tisch zu bedienen. Aber das tue ich aus bestimmten Gründen nicht; ich weiß nicht, ob Sie mich verstehen. Zu Ihnen komme ich ohne Bedenken, in aller Freimütigkeit.

CAVALIERE: Ich danke Ihnen. Was ist das für ein Gericht?

MIRANDOLINA: Ein Ragout, das ich selbst zubereitet habe.

CAVALIERE: Es ist bestimmt gut. Wenn Sie es zubereitet haben, ist es bestimmt gut.

MIRANDOLINA: Oh, zu freundlich, Signore. Ich bringe zwar nichts Gutes zuwege, möchte es aber gern, um einem so vortrefflichen Cavaliere gefällig zu sein.

CAVALIERE *für sich:* Morgen geht's nach Livorno. *Zu Mirandolina:* Wenn Sie zu tun haben, lassen Sie sich durch mich nicht aufhalten.

MIRANDOLINA: Keineswegs, Signore. Das Haus hat genug Köche und Bediente. Ich möchte nur gerne erfahren, ob Ihnen dies Gericht genehm ist.

CAVALIERE: Bitte, sofort. *Kostet.* Gut, ausgezeichnet! Hm, was für ein köstlicher Geschmack! Ich weiß gar nicht, was das alles ist.

MIRANDOLINA: Oh, Signore, ich hab da meine Geheimnisse! Diese Hände verstehen es, schöne Sachen anzurichten!

CAVALIERE *zum Diener, mit etwas Bewegung:* Gib mir zu trinken.

MIRANDOLINA: Auf das Gericht, Signore, muß man etwas Besonderes trinken.

CAVALIERE *zum Diener:* Bring mir Burgunder.

MIRANDOLINA: Ausgezeichnet. Burgunder ist das Richtige. Ich halte ihn für den besten Tischwein.

Der Diener stellt die Flasche und ein Glas auf den Tisch.

CAVALIERE: Sie zeigen in allem guten Geschmack.

MIRANDOLINA: Eigentlich irre ich mich selten.

CAVALIERE: Und doch irren Sie sich dieses Mal.

MIRANDOLINA: Worin, Signore?

CAVALIERE: Sie nehmen an, ich verdiente es, von Ihnen bevorzugt zu werden.

MIRANDOLINA *seufzend:* Ach, Signor Cavaliere ...

CAVALIERE *alteriert:* Was denn? Was sollen diese Seufzer?

MIRANDOLINA: Ich will's Ihnen sagen: Ich bin zu allen zuvorkommend, und es macht mich traurig, wenn ich daran denke, wie undankbar sie alle sind.

CAVALIERE *mit Ruhe:* Ich werde nicht undankbar gegen Sie sein.

MIRANDOLINA: Ich habe nicht die Absicht, mir bei Ihnen Verdienste zu erwerben, tue ich doch nur meine Pflicht.

CAVALIERE: Nein, nein, ich weiß wohl ... ich bin nicht so ungeschliffen, wie Sie meinen. Über mich sollen Sie sich nicht zu beklagen haben. *Gießt sich Wein ins Glas.*

MIRANDOLINA: Aber ... Signore ... ich verstehe nicht.

CAVALIERE: Auf Ihr Wohl. *Trinkt.*

MIRANDOLINA: Zu freundlich. Zuviel Ehre für mich.

CAVALIERE: Das ist ein köstlicher Wein.

MIRANDOLINA: Burgunder ist meine Passion.

CAVALIERE: Wenn Sie wollen, bitte! *Bietet ihr Wein an.*

MIRANDOLINA: Oh, danke, Signore.

CAVALIERE: Haben Sie schon gespeist?

MIRANDOLINA: Ja, Euer Hochwohlgeboren.

CAVALIERE: Wollen Sie nicht ein Gläschen?

MIRANDOLINA: Diese Ehre verdiene ich nicht.

CAVALIERE: Aber bitte, gerne.

MIRANDOLINA: Ich weiß nicht, was ich sagen soll. Ich nehme Ihre Höflichkeit an.

CAVALIERE *zum Diener:* Bring ein Glas.

MIRANDOLINA: Nein, nein. Wenn Sie gestatten, nehm ich dieses hier. *Nimmt das Glas des Cavaliere.*

CAVALIERE: Oho! Daraus habe ich getrunken.

MIRANDOLINA *lachend:* Und sei's darum!

Der Diener stellt das andere Glas auf den Untersatz.

CAVALIERE: He, Anbändlerin! *Schenkt Wein ein.*

MIRANDOLINA: Aber es ist schon einige Zeit her, daß ich gegessen habe; ich fürchte, ich vertrag's nicht.

CAVALIERE: Sie brauchen keine Angst zu haben.

MIRANDOLINA: Wenn Sie die Freundlichkeit hätten, mir ein Stückchen Brot ...

CAVALIERE: Gern. *Reicht ihr ein Stück Brot.* Nehmen Sie.

Mirandolina steht, in der einen Hand das Glas, in der anderen das Brot, offensichtlich verlegen da und weiß nicht, wie sie das Brot brechen und eintunken soll.

CAVALIERE: Sie sind in Verlegenheit. Wollen Sie nicht Platz nehmen?

MIRANDOLINA: Oh, Sie erweisen mir große Ehre, Signore.

CAVALIERE: Nun, ja, wir sind doch allein. *Zum Diener:* Bring ihr einen Stuhl.

DIENER *für sich:* Mit meinem Herrn geht's zu Ende. So was tat er noch nie. *Geht einen Stuhl holen.*

MIRANDOLINA: Wenn das der Signor Conte und der Signor Marchese wüßten: wehe mir!

CAVALIERE: Weshalb?

MIRANDOLINA: An die hundertmal haben sie mich schon genötigt, mit ihnen zu trinken und zu speisen, aber ich wollte nie.

CAVALIERE: Nun, setzen Sie sich doch.

MIRANDOLINA: Wenn Sie es so wünschen. *Setzt sich, bricht das Brot in den Wein.*

CAVALIERE *zum Diener:* Hör mal! *Leise weiter:* Sag keinem Menschen, daß die Wirtin mit mir zu Tisch gesessen hat.

DIENER *leise:* Sie können mir voll vertrauen. *Für sich:* Das ist ja etwas ganz Neues. Ich bin erstaunt!

MIRANDOLINA: Auf alles, was dem Signor Cavaliere zur Freude gereicht!

CAVALIERE: Ich danke Ihnen, liebenswürdige Wirtin.

MIRANDOLINA: Dieser Trinkspruch gilt aber nicht für die Frauen.

CAVALIERE: Nein? Weshalb nicht?

MIRANDOLINA: Weil ich weiß, daß Sie die Frauen nicht leiden können.

CAVALIERE: Das stimmt, ich habe sie nie leiden mögen.

MIRANDOLINA: Bleiben Sie immer so, wie Sie sind!

CAVALIERE: Ich möchte nicht, daß... *Wirft einen Blick auf den Diener.*

MIRANDOLINA: Was denn, Signore?

CAVALIERE: Hören Sie. *Spricht ihr ins Ohr:* Ich möchte nicht haben, daß Sie mein Naturell ändern.

MIRANDOLINA: Ich, Signore? Wie denn das?

CAVALIERE *zum Diener:* Geh hinaus.

DIENER: Was befehlen Sie aufzutragen?

CAVALIERE: Laß mir zwei Eier zubereiten. Und wenn sie gar sind, bring sie her.

DIENER: Wie befehlen Sie die Eier?

CAVALIERE: Wie du willst. Spute dich!

DIENER: Verstanden. *Für sich:* Der Herr erhitzt sich. *Geht.*

CAVALIERE: Mirandolina, Sie sind ein charmantes Mädchen.

MIRANDOLINA: Oh, Signore, Sie machen sich über mich lustig.

CAVALIERE: Hören Sie: Ich will Ihnen die Wahrheit anvertrauen, eine große Wahrheit, die Ihnen zur Ehre gereicht.

MIRANDOLINA: Ich höre sie gern.

CAVALIERE: Sie sind die erste Frau auf der Erde, mit der ich mich mit Vergnügen unterhalten kann.

MIRANDOLINA: Nun will ich Ihnen etwas sagen, Signor Cavaliere: Nicht, daß mir etwa ein Verdienst zukäme, aber

zuweilen begegnet sich gleiche Art. Diese Sympathie, diese Neigung trifft sich auch bei Leuten, die einander fremd sind. Auch ich empfinde für Sie, was ich noch für keinen anderen empfunden habe.

CAVALIERE: Ich fürchte, Sie wollen mir meine Ruhe nehmen.

MIRANDOLINA: Nicht doch, Signor Cavaliere, Sie sind ja ein weiser Mann: handeln Sie danach. Fallen Sie nicht in die Schwächen der andern. Sollte ich das merken, käme ich gewiß nicht mehr hierher. Ich fühle ja auch etwas in mir, was ich noch nicht gekannt habe; aber ich will nicht für Männer den Verstand verlieren. Und schon gar nicht für einen, der die Frauen haßt und mich jetzt vielleicht mit neuen Redensarten auf die Probe stellen will, um mich erst zu verführen und dann zu verspotten. Signor Cavaliere, bitte noch etwas Burgunder.

CAVALIERE: Ach, Schluß ... *Gießt den Wein ein.*

MIRANDOLINA *für sich:* Gleich, gleich kommt er zu Fall!

CAVALIERE *reicht ihr das Glas:* Nehmen Sie.

MIRANDOLINA: Sehr freundlich. Und Sie, trinken Sie denn nicht?

CAVALIERE: Doch, ich trinke schon. *Für sich:* Am besten, ich würde mich betrinken: ein Teufel würde den anderen vertreiben. *Schenkt sich ein.*

MIRANDOLINA *einschmeichelnd:* Signor Cavaliere.

CAVALIERE: Was denn?

MIRANDOLINA: Stoßen Sie mit mir an! *Läßt den Cavaliere anstoßen.* Es lebe die gute Freundschaft!

CAVALIERE *etwas schmachtend:* Sie soll leben!

MIRANDOLINA: Es lebe ... wer sich gern hat ... ohne Arg! Stoßen Sie an!

CAVALIERE: Hoch ...

FÜNFTE SZENE

Der MARCHESE *und* DIE VORIGEN.

MARCHESE: Ich bin auch noch da. Wer soll hochleben?

CAVALIERE *alteriert:* Wie, Signor Marchese?

MARCHESE: Verzeihung, mein Freund. Ich habe gerufen; es war niemand da.

MIRANDOLINA: Sie erlauben ... *Will weggehen.*

CAVALIERE *zu Mirandolina:* Bleiben Sie. *Zum Marchese:* Ihnen gegenüber nehme ich mir nicht soviel Freiheit heraus.

MARCHESE: Ich bitte um Vergebung. Wir sind doch Freunde. Und ich glaubte Sie allein. Ich freue mich, Sie an der Seite unserer charmanten jungen Wirtin zu sehen. Oh! Was sagen Sie jetzt! Ist sie nicht ein Prachtstück?

MIRANDOLINA: Signore, ich kam hierher, um den Signor Cavaliere zu bedienen. Mir ist ein wenig unwohl geworden, und er half mir mit einem Gläschen Burgunder.

MARCHESE *zum Cavaliere:* Ist das Burgunder?

CAVALIERE: Ja, Burgunder.

MARCHESE: Echter?

CAVALIERE: Dafür habe ich ihn jedenfalls bezahlt.

MARCHESE: Ich bin Weinkenner. Lassen Sie mich kosten, und ich will Ihnen sagen, ob er echt ist oder nicht.

CAVALIERE *ruft:* He!

Sechste Szene

Der Diener *mit den Eiern,* die Vorigen.

CAVALIERE *zum Diener:* Ein Gläschen für den Signor Marchese.

MARCHESE: Aber kein zu kleines. Burgunder ist schließlich kein Likör. Um urteilen zu können, muß man schon einen ordentlichen Schluck trinken.

DIENER: Hier sind die Eier. *Will sie auf den Tisch stellen.*

CAVALIERE: Ich wünsche nicht mehr zu essen.

MARCHESE: Was ist das für ein Gericht?

CAVALIERE: Eier.

MARCHESE: Mag ich nicht.

Der Diener bringt die Eier fort.

MIRANDOLINA: Signor Marchese: Wenn der Signor Cavaliere gestattet, versuchen Sie dies Ragout, das ich selbst zubereitet habe.

MARCHESE: O ja. *Zum Diener:* He, einen Stuhl! *Der Diener bringt ihm einen Stuhl und stellt das Glas auf den Untersatz.* Eine Gabel!

CAVALIERE *zum Diener:* Los, hol Teller und Besteck.

Der Diener bedient.

MIRANDOLINA: Signor Cavaliere, jetzt ist mir schon wohler. Ich gehe jetzt. *Steht auf.*

MARCHESE: Tun Sie mir den Gefallen und bleiben Sie noch ein wenig.

MIRANDOLINA: Aber, Signore, ich habe zu tun. Und dann ... der Signor Cavaliere ...

MARCHESE *zum Cavaliere:* Haben Sie etwas dagegen, wenn sie noch ein wenig bleibt?

CAVALIERE: Was wünschen Sie von ihr?

MARCHESE: Ich möchte Ihnen ein Gläschen Zypernwein zu kosten geben, wie Sie Ihr ganzes Leben noch keinen getrunken haben. Und ich hätte gern, daß auch Mirandolina ihn kostet und ihr Urteil abgibt.

CAVALIERE *zu Mirandolina:* Bitte, bleiben Sie dem Signor Marchese zu Gefallen!

MIRANDOLINA: Der Signor Marchese wird entschuldigen ...

MARCHESE: Sie wollen meinen Wein nicht versuchen?

MIRANDOLINA: Ein andermal, Exzellenz.

CAVALIERE: Bleiben Sie doch.

MIRANDOLINA *zum Cavaliere:* Sie befehlen es mir?

CAVALIERE: Ich sage, Sie sollen bleiben.

MIRANDOLINA *setzt sich:* Ich höre.

CAVALIERE *für sich:* Sie verpflichtet mich immer mehr.

MARCHESE: Oh, was für eine Speise! Was für ein Ragout! Was für ein Duft! Was für ein Geschmack! *Ißt.*

CAVALIERE *leise zu Mirandolina:* Der Marchese ist gewiß eifersüchtig, weil Sie neben mir sitzen.

MIRANDOLINA *leise zum Cavaliere:* Ich mache mir überhaupt nichts aus ihm.

CAVALIERE *leise zu Mirandolina:* Können Sie auch die Männer nicht leiden?

MIRANDOLINA *wie oben:* So wenig wie Sie die Frauen.

CAVALIERE *wie oben:* Meine Feindinnen rächen sich an mir!

MIRANDOLINA *wie oben:* Wie, Signore?

CAVALIERE *wie oben:* Ha! Sie Schelmin! Sie merken doch ganz genau . . .

MARCHESE: Mein Freund, auf Ihr Wohl. *Trinkt den Burgunder.*

CAVALIERE: Na und? Was sagen Sie dazu?

MARCHESE: Mit Verlaub, er taugt nichts. Sie müssen meinen Zypernwein versuchen.

CAVALIERE: Aber wo ist denn dieser Zypernwein?

MARCHESE: Hier, ich habe ihn mitgebracht. Wir wollen ihn genießen. Das ist ein Weinchen! Bitte schön! *Zieht ein kleines Fläschchen hervor.*

MIRANDOLINA: Wie ich sehe, Signor Marchese, wünschen Sie nicht, daß uns Ihr Wein in den Kopf steigt.

MARCHESE: Der? Den trinkt man tropfenweise, wie Melissengeist. He! Die Gläschen! *Öffnet das Fläschchen.*

Der Diener bringt Dessertwein-Gläschen.

MARCHESE: Äh, die sind zu groß. Haben Sie nicht kleinere? *Bedeckt die Flasche mit der Hand.*

CAVALIERE *zum Diener:* Bring Likörgläser!

MIRANDOLINA: Ich glaube, es reicht schon, wenn man daran riecht.

MARCHESE *riecht daran:* Oh, mein Weinchen! Allein der Duft ist Tröstung und Labsal!

Der Diener bringt drei Gläschen auf einem Tablett.

MARCHESE *gießt mit aller Behutsamkeit ein, stellt das eine Gläschen dem Cavaliere hin, das andere Mirandolina, nimmt sich selbst das dritte und verschließt sorgfältig die Flasche; trinkend:* Oh, das ist Nektar! Ambrosia! Destilliertes Manna!

CAVALIERE *leise zu Mirandolina:* Was halten Sie von diesem Gesöff?

MIRANDOLINA *leise zum Cavaliere:* Abwaschwasser!

MARCHESE *zum Cavaliere:* Nun, was sagen Sie dazu?

CAVALIERE: Gut, vorzüglich.

MARCHESE: Na, Mirandolina, wie finden Sie ihn?

MIRANDOLINA: Ich, Signore, kann nicht heucheln. Mir schmeckt er nicht, ich finde ihn schlecht, und ich kann nicht sagen, daß er gut ist. Respekt vor dem, der sich verstellen kann. Aber wer's in einer Sache kann, wird's auch in andern können.

CAVALIERE *für sich:* Sie macht mir einen Vorwurf; ich weiß nicht, warum.

MARCHESE: Mirandolina, von diesen Weinsorten verstehen Sie nichts. Ich entschuldige Sie. Das Tuch, das ich Ihnen schenkte, haben Sie ja richtig eingeschätzt, und es hat Ihnen gefallen. Aber von Zypernwein verstehen Sie eben nichts. *Trinkt aus.*

MIRANDOLINA *leise zum Cavaliere:* Hören Sie, wie er sich rühmt!

CAVALIERE *leise zu Mirandolina:* Das würde ich aber nicht tun.

MIRANDOLINA *wie oben:* Dafür rühmen Sie sich, die Frauen zu verachten.

CAVALIERE *wie oben:* Und Sie, alle Männer zu besiegen.

MIRANDOLINA *leise und einschmeichelnd zum Cavaliere:* Nicht alle.

CAVALIERE *leise und etwas leidenschaftlich zu Mirandolina:* Doch, alle.

MARCHESE *zum Diener:* He, drei saubere Gläschen.

Der Diener bringt sie ihm auf einem Tablett.

MIRANDOLINA: Ich möchte nichts mehr.

MARCHESE: Ich weiß, ich weiß, es soll auch nicht für Sie sein. *Gießt von dem Zypernwein in die drei Gläschen; zum Diener:* Mein Lieber, wenn Ihr Herr es gestattet, gehen Sie zum Conte von Albafiorita, und sagen Sie ihm – aber laut, damit es alle hören –, daß ich ihn bitten lasse, meinen Zypernwein zu kosten.

DIENER: Wie Sie befehlen. *Für sich:* Davon bekommt er sicher keinen Rausch. *Geht.*

CAVALIERE: Signor Marchese, Sie sind sehr freigebig.

MARCHESE: Ich? Fragen Sie nur Mirandolina!

MIRANDOLINA: Oh, gewiß.

MARCHESE *zu Mirandolina:* Hat der Signor Cavaliere das Tuch schon gesehen?

MIRANDOLINA: Nein, noch nicht.

MARCHESE *zum Cavaliere:* Sie müssen es sehen! *Steckt die Flasche, in der ein kleiner Rest geblieben ist, wieder ein.* Diesen Tropfen Balsam verwahre ich mir für heute abend.

MIRANDOLINA: Passen Sie auf, daß er Sie nicht trunken macht, Signor Marchese.

MARCHESE *zu Mirandolina:* Ach! Wissen Sie, was mich trunken macht?

MIRANDOLINA: Was denn?

MARCHESE: Ihre schönen Augen.

MIRANDOLINA: Wirklich?

MARCHESE: Mein lieber Cavaliere, ich bin rettungslos in sie verliebt.

CAVALIERE: Ich bedaure.

MARCHESE: Sie wissen nicht, wie das ist, wenn man eine Frau liebt. Hätten Sie das jemals empfunden, würden Sie mich jetzt nicht bemitleiden!

CAVALIERE: Ja, ich bemitleide Sie.

MARCHESE: Und ich bin eifersüchtig wie ein Biest! Ich lasse sie auch nur neben Ihnen sitzen, weil ich weiß, wer Sie sind. Sonst würde ich's auch für hunderttausend Dublonen nicht leiden!

CAVALIERE *für sich:* Jetzt fällt er mir aber langsam auf die Nerven!

SIEBENTE SZENE

Der DIENER *mit einer Flasche auf dem Tablett,* DIE VORIGEN.

DIENER *zum Marchese:* Der Signor Conte dankt Euer Hochwohlgeboren und schickt diese Flasche kanarischen Wein.

MARCHESE: Oh, oh, er will doch nicht seinen kanarischen Wein meinem Zypernwein gleichstellen? Zeig mal her.

Armer Narr! Ein Dreck, ich merk's am Geruch. *Erhebt sich, in der Hand die Flasche.*

CAVALIERE *zum Marchese:* Versuchen Sie ihn erst einmal.

MARCHESE: Gar nichts will ich versuchen. Das ist eine Impertinenz, die sich der Conte mir gegenüber herausnimmt, wie schon so oft. Er will immer über mich triumphieren, mich übertreffen, mich provozieren, damit ich mich zu etwas hinreißen lasse. Aber ich schwöre beim Himmel, ich will etwas tun, was alles andere aufwiegt. Mirandolina, wenn Sie ihn nicht davonjagen, wird Großes daraus entstehen, jawohl, Großes! Er ist ein verwegener Mensch! Ich weiß, wer ich bin, und ich dulde solche Unverschämtheiten nicht! *Geht und nimmt die Flasche mit.*

ACHTE SZENE

Der CAVALIERE, MIRANDOLINA *und der* DIENER.

CAVALIERE: Der arme Marchese ist verrückt.

MIRANDOLINA: Falls ihm die Galle überlaufen sollte, hat er sich gleich die Flasche zur Stärkung mitgenommen.

CAVALIERE: Ein Verrückter, sage ich Ihnen. Und Sie haben ihn verrückt gemacht.

MIRANDOLINA: Bin ich denn eine, die die Mäner verrückt macht?

CAVALIERE *bekümmert:* Ja, Sie sind . . .

MIRANDOLINA *erhebt sich:* Signor Cavaliere, Sie gestatten.

CAVALIERE: Bleiben Sie.

MIRANDOLINA *gehend:* Entschuldigen Sie, ich mache niemanden verrückt.

CAVALIERE *erhebt sich, bleibt aber am Tisch stehen:* So hören Sie doch!

MIRANDOLINA *gehend:* Verzeihung!

CAVALIERE *im Befehlston:* Bleiben Sie, sage ich.

MIRANDOLINA *dreht sich mit stolzer Würde um:* Was verlangen Sie von mir?

CAVALIERE *verwirrt:* Nichts. Trinken wir noch ein Glas Burgunder.

MIRANDOLINA: Na, Signore, rasch, rasch, damit ich gehen kann.

CAVALIERE: Setzen Sie sich.

MIRANDOLINA: Nein, im Stehen.

CAVALIERE *reicht ihr mit Zärtlichkeit das Glas:* Nehmen Sie.

MIRANDOLINA: Ich sag einen Trinkspruch, dann geh ich gleich. Einen Trinkspruch, den mich die Großmutter gelehrt hat.

Es lebe Bacchus, lebe Amore:
sind beide unsere Tröster;
durch die Kehle dringt der eine,
durch die Augen dringt der andere
bis ins Herz.
Ich trink den Wein,
mit den Augen dann ...
mache ich, was Sie auch machen. *Geht.*

NEUNTE SZENE

Der CAVALIERE *und der* DIENER.

CAVALIERE: Wunderbar, kommen Sie! So hören Sie doch! Oh, die Schelmin! Sie ist geflohen. Sie ist geflohen und hat mir hundert Teufel dagelassen, die mich plagen!

DIENER *zum Cavaliere:* Soll ich das Obst auf den Tisch stellen?

CAVALIERE: Du geh auch zum Teufel! *Der Diener geht.* »Ich trink den Wein, mit den Augen dann ... mache ich, was Sie auch machen«? Was ist das für ein mysteriöser Trinkspruch? Oh, Verfluchte, ich habe dich durchschaut, du willst mich überwältigen, willst mich morden. Aber sie macht es mit soviel Grazie! Sie versteht es so gut, sich einzuschmeicheln ... Teufel, Teufel, du willst mir's wohl zeigen? Nein, ich geh nach Livorno. Ich will sie nicht mehr sehen. Sie soll mir nicht vor die Augen kommen. Verdammte Weiber! Wo Weiber sind, ich schwör's, da geh ich nie mehr hin! *Geht.*

Zehnte Szene

Zimmer des Conte.

Der Conte, Ortensia *und* Dejanira.

CONTE: Der Marchese von Forlipopoli ist eine wunderliche Figur. Zwar von edler Geburt, das kann man nicht leugnen; aber nachdem der Vater nicht mehr war, ist ziemliche Verschwendung getrieben worden, und jetzt hat er kaum genug zum Leben. Und doch spielt er sich gern als Gönner auf.

ORTENSIA: Man merkt, daß er freigebig sein möchte, aber nichts hat.

DEJANIRA: Er schenkt das bißchen, das er kann, und wünscht, daß alle Welt davon erfährt.

CONTE: Er wäre ein herrlicher Typ für eine Ihrer Komödien.

ORTENSIA: Warten Sie nur, bis die Truppe da ist und die Leute ins Theater gehen, vielleicht bekommen wir dann noch unsern Spaß.

DEJANIRA: Wir haben Charakterspieler, das sind die geborenen Nachahmer.

CONTE: Wenn Sie wollen, daß wir unsern Spaß an ihm haben, müssen Sie sich ihm gegenüber auch weiterhin als Damen ausgeben.

ORTENSIA: Ich mach's bestimmt. Aber Dejanira läßt immer gleich die Maske fallen.

DEJANIRA: Ich muß lachen, wenn mich die Gimpel für eine Dame halten.

CONTE: Es war ganz recht, daß Sie mir gesagt haben, wer Sie sind. So geben Sie mir die Möglichkeit, etwas für Sie zu tun.

ORTENSIA: Der Signor Conte wird uns protegieren.

DEJANIRA: Wir sind Freundinnen, wir werden uns gemeinsam Ihrer Gunst erfreuen.

CONTE: Ich will Ihnen was sagen. Ich will offen zu Ihnen sprechen. Ich werde Ihnen zu Diensten sein, wo ich nur kann. Aber ich habe eine gewisse Verpflichtung, die es mir nicht gestattet, bei Ihnen ein und aus zu gehen.

ORTENSIA: Haben Sie etwa ein Liebchen, Signor Conte?

CONTE: Ja. Ich sag's Ihnen im Vertrauen: die Gastwirtin.

ORTENSIA: Potztausend! Wahrlich eine große Dame! Ich wundere mich über Sie, Signor Conte, daß Sie sich an eine Gastwirtin wegwerfen!

DEJANIRA: Es wäre ein geringeres Übel, wenn Sie sich dazu herbeiließen, Ihre Aufmerksamkeiten einer Komödiantin zu widmen!

CONTE: Offen gesagt, ich habe wenig Lust, mit Ihresgleichen eine Liebesgeschichte anzufangen! Bald sind Sie hier, bald sind Sie dort.

ORTENSIA: Ist es denn so nicht besser, Signore? So dauern die Freundschaften nicht ewig, und die Männer ruinieren sich nicht dabei.

CONTE: Jedenfalls bin ich verpflichtet. Ich habe sie gern und will sie nicht verärgern.

DEJANIRA: Was ist denn schon Gutes an ihr?

CONTE: Oh, recht viel!

ORTENSIA: Hörst du, Dejanira: Sie ist hübsch, sieht gut aus ... *Macht die Geste des Puderns.*

CONTE: Sie ist sehr geistreich!

DEJANIRA: Ha, apropos Geist: Sie wollen sie doch nicht mit uns vergleichen?

CONTE: Genug jetzt. Sei's wie's mag: die Mirandolina gefällt mir. Und wenn Ihnen an meiner Freundschaft gelegen ist, müssen Sie gut über sie reden, oder wir kennen uns nicht mehr!

ORTENSIA: Oh, Signor Conte, ich sag ja schon, daß die Mirandolina eine Venus ist.

DEJANIRA: Ja, ja, es stimmt. Sie ist geistreich und redegewandt.

CONTE: So gefallen Sie mir.

ORTENSIA: Wenn Sie nichts anderes wollen, das können Sie gerne haben!

CONTE *sieht in die Bühne hinein:* Ach! Haben Sie gesehen, wer da durch den Saal gegangen ist?

ORTENSIA: Ja, ich habe ihn gesehen.

CONTE: Auch ein hübscher Charakter für eine Komödie.

ORTENSIA: Was für ein Typ?

CONTE: Einer, der die Frauen nicht leiden kann.

DEJANIRA: Na, so was Verrücktes!

ORTENSIA: Vielleicht hat er eine böse Erinnerung an eine Frau.

CONTE: Du liebe Güte! Er ist noch nie verliebt gewesen. Er hat sich nie mit Frauen abgeben wollen. Er verachtet sie alle, und es genügt schon, wenn ich sage, daß er auch Mirandolina verachtet.

ORTENSIA: Der Arme! Ich wette, wenn ich mich an ihn heranmache, bring ich ihm bald eine andere Meinung bei.

DEJANIRA: Eine großartige Sache! Eine Aufgabe, die ich am liebsten selbst übernehmen würde.

CONTE: Hören Sie, meine Lieben, den Spaß wollen wir uns leisten. Bringen Sie es fertig, ihn verliebt zu machen – bei meiner Kavaliersehre, Sie sollen ein hübsches Geschenk bekommen!

ORTENSIA: Dafür will ich nichts, ich tu's zu meinem eigenen Vergnügen.

DEJANIRA: Wenn uns der Signor Conte eine Gefälligkeit erweisen will, braucht er's nicht dafür zu tun. Bis unsere Truppe kommt, wollen wir uns ein bißchen amüsieren.

CONTE: Ich fürchte, Sie werden keinen Erfolg haben!

ORTENSIA: Signor Conte, Sie trauen uns ja recht wenig zu!

DEJANIRA: Wir haben zwar nicht soviel Liebreiz wie Mirandolina, aber dafür haben wir ja ein bißchen Erfahrung.

CONTE: Sollen wir ihn holen lassen?

ORTENSIA: Wie Sie denken.

CONTE: Hallo! Wer ist denn dort?

Elfte Szene

Der Diener *des Conte und* die Vorigen.

conte *zum Diener:* Sag dem Cavaliere von Ripafratta, er möge sich hierher bemühen, ich muß ihn unbedingt sprechen.

diener: In seinem Zimmer ist er aber bestimmt nicht.

conte: Ich habe gesehen, wie er zur Küche gegangen ist. Du wirst ihn schon finden.

diener: Sofort. *Geht.*

conte *für sich:* Was hat er eigentlich in der Küche zu suchen? Ich wette, er will mit Mirandolina schelten, weil ihm das Essen nicht gut genug war.

ortensia: Signor Conte, ich hatte den Signor Marchese gebeten, mir seinen Schuster zu schicken, aber ich fürchte, ich werde ihn nie zu sehen bekommen.

conte: Machen Sie sich keine Gedanken. Das übernehme ich.

dejanira: Und mir hat der Signor Marchese ein Tuch versprochen. Der wird mir's gerade bringen!

conte: Tücher gibt's genug.

dejanira: Ich brauche nämlich notwendig eines.

conte *bietet ihr sein eigenes Seidentuch an:* Wenn Ihnen das zusagt, soll es Ihnen gehören. Es ist sauber.

dejanira: Zu aufmerksam von Ihnen.

conte: Da kommt ja der Cavaliere. Es ist besser, Sie spielen jetzt wieder die Damen, damit er Sie mit Anstand anhören muß. Treten Sie ein wenig zurück. Wenn er Sie nämlich sieht, ergreift er die Flucht.

ortensia: Wie heißt er?

conte: Cavaliere von Ripafratta. Ein Toskaner.

dejanira: Verheiratet?

conte: Er kann doch keine Frau sehen.

ortensia *zurücktretend:* Ist er reich?

conte: Ja, sehr.

dejanira *zurücktretend:* Freigebig?

conte: Ziemlich.

DEJANIRA: Er soll nur kommen. *Zieht sich zurück.*
ORTENSIA: Nur Geduld, und seien Sie versichert... *Zieht sich zurück.*

Zwölfte Szene

Der Cavaliere *und* die Vorigen.

CAVALIERE: Conte, Sie haben mich gewünscht?
CONTE: Ja, ich habe Sie hierher bemühen lassen.
CAVALIERE: Womit kann ich Ihnen dienen?
CONTE *zeigt auf die beiden Frauen, die sofort herankommen:* Diese beiden Damen brauchen Ihre Hilfe.
CAVALIERE: Entbinden Sie mich davon. Ich habe keine Zeit, ich kann mich nicht aufhalten.
ORTENSIA: Signor Cavaliere, ich will Sie auch gar nicht aufhalten.
DEJANIRA: Nur auf ein Wort, bitte, Signor Cavaliere.
CAVALIERE: Meine Damen, wollen Sie mich gütigst entschuldigen. Ich habe eine dringende Angelegenheit.
ORTENSIA: Mit zwei Worten ist es abgetan.
DEJANIRA: Nur zwei Wörtchen und nicht mehr, Signore.
CAVALIERE *für sich:* Verdammter Conte!
CONTE: Lieber Freund, die Höflichkeit gebietet, zwei Damen Gehör zu schenken, wenn sie um etwas bitten.
CAVALIERE *zu den Frauen, mit Ernst:* Verzeihen Sie. Womit kann ich Ihnen dienen?
ORTENSIA: Sind Sie nicht aus der Toskana, Signore?
CAVALIERE: Ja, Signora.
DEJANIRA: Gewiß haben Sie Freunde in Florenz.
CAVALIERE: Ich habe da Freunde und Verwandte.
DEJANIRA: Wissen Sie, Signore... *Zu Ortensia:* Freundin, machen Sie den Anfang.
ORTENSIA: Ich will es Ihnen sagen, Signor Cavaliere... Wissen Sie, eine gewisse Sache...
CAVALIERE: Rascher, meine Damen, wenn ich bitten darf. Ich habe eine eilige Angelegenheit.
CONTE *im Fortgehen:* Nun, ich sehe, daß Sie meine Gegen-

wart in Verlegenheit bringt. Reden Sie ganz offen mit dem Cavaliere, ich will Sie nicht länger stören.

CAVALIERE: Nicht doch, mein Freund, bleiben Sie ... Hören Sie ...

CONTE: Ich weiß, was sich gehört. Ihr Diener, meine Damen. *Geht.*

Dreizehnte Szene

Ortensia, Dejanira *und der* Cavaliere.

ORTENSIA: Bitte, wollen wir doch Platz nehmen.

CAVALIERE: Verzeihen Sie, ich möchte mich nicht setzen.

DEJANIRA: So grob zu den Frauen?

CAVALIERE: Haben Sie die Güte, mir zu sagen, was Sie wünschen.

ORTENSIA: Wir benötigen Ihre Hilfe, Ihre Protektion, Ihr Wohlwollen.

CAVALIERE: Was ist Ihnen zugestoßen?

DEJANIRA: Unsere Ehemänner haben uns verlassen.

CAVALIERE *mit Stolz:* Verlassen? Wie, zwei verlassene Damen? Wer sind Ihre Ehemänner?

DEJANIRA *zu Ortensia:* Freundin, ich werde unsicher.

ORTENSIA *für sich:* Der ist so närrisch, daß ich jetzt selbst nicht mehr weiter weiß.

CAVALIERE *im Begriff zu gehen:* Meine Damen, ich empfehle mich Ihnen.

ORTENSIA: Wie! So behandeln Sie uns?

DEJANIRA: Ein Edelmann benimmt sich so?

CAVALIERE: Verzeihen Sie. Aber ich liebe meine Ruhe über alles. Ich erfahre, daß zwei Damen von ihren Männern verlassen worden sind. Das kann nur eine Menge Scherereien geben. Für derartige Machenschaften bin ich nicht zu gebrauchen. Ich lebe für mich allein. Von mir, meine sehr verehrten Damen, dürfen Sie sich weder Rat noch Tat erwarten.

ORTENSIA: Na, dann wollen wir unsern so außerordentlich

liebenswürdigen Cavaliere aus seiner Befangenheit befreien.

DEJANIRA: Ja, reden wir offen mit ihm.

CAVALIERE: Was ist das jetzt für eine neue Art?

ORTENSIA: Wir sind keine Damen.

CAVALIERE: Nicht?

DEJANIRA: Der Signor Conte hat sich einen Spaß mit Ihnen erlauben wollen.

CAVALIERE: Der Spaß ist gelungen. Ich empfehle mich. *Will gehen.*

ORTENSIA: Warten Sie einen Augenblick.

CAVALIERE: Sie wünschen?

DEJANIRA: Geben Sie uns für einen Augenblick die Ehre Ihrer geschätzten Konversation.

CAVALIERE: Ich habe zu tun. Ich kann mich nicht aufhalten.

ORTENSIA: Wir wollen Ihnen ja nichts wegnehmen.

DEJANIRA: Wir schmälern keineswegs Ihr Ansehen.

ORTENSIA: Wir wissen, daß Sie die Frauen nicht leiden können.

CAVALIERE: Freut mich, daß Sie das wissen. Habe die Ehre! *Will gehen.*

ORTENSIA: So hören Sie doch: Wir sind keine Frauen, die Sie beunruhigen können.

CAVALIERE: Wer sind Sie?

ORTENSIA: Sagen Sie es ihm, Dejanira.

DEJANIRA: Sie können es ihm ebensogut sagen.

CAVALIERE: Also, wer sind Sie?

ORTENSIA: Wir sind zwei Komödiantinnen.

CAVALIERE: Zwei Komödiantinnen! Reden Sie, reden Sie, jetzt habe ich keine Angst mehr vor Ihnen. Über Ihre Kunst bin ich sehr gut im Bilde.

ORTENSIA: Was meinen Sie damit? Erklären Sie.

CAVALIERE: Ich weiß, daß Sie sich auf der Bühne und außerhalb der Bühne verstellen. Und da ich darüber im Bilde bin, habe ich keine Angst vor Ihnen.

DEJANIRA: Signore, außerhalb der Bühne kann ich mich nicht verstellen.

CAVALIERE *zu Dejanira:* Wie heißen Sie, vielleicht Signora Aufrichtig?

DEJANIRA: Ich heiße ...

CAVALIERE *zu Ortensia:* Und Sie etwa Signora Durchtrieben?

ORTENSIA: Lieber Signor Cavaliere ...

CAVALIERE *zu Ortensia:* Wie belieben Sie's zu halten, wenn Sie jemand ausnehmen?

ORTENSIA: Ich gehöre nicht ...

CAVALIERE *zu Dejanira:* Und die verliebten Gimpel, wie behandeln Sie die, meine Verehrteste?

DEJANIRA: Ich gehöre nicht zu denen ...

CAVALIERE: Ihren Jargon kenne ich ganz gut!

ORTENSIA *will ihn beim Arm nehmen:* Oh, der liebe Signor Cavaliere!

CAVALIERE: Runter mit den Pfoten. *Schlägt sie auf die Hände.*

ORTENSIA: Verflixt! Ziemlich rauh für einen Cavaliere!

CAVALIERE: Rauh ist soviel wie bäurisch. Ich hab schon verstanden. Und ich sage euch, daß ihr zwei Rotznasen seid!

DEJANIRA: So was zu mir?

ORTENSIA: Zu einer Frau wie mir?

CAVALIERE *zu Ortensia:* Süß, das glatte Lärvchen!

ORTENSIA *für sich:* Esel! *Geht.*

CAVALIERE *zu Dejanira:* Süß, das falsche Toupet!

DEJANIRA *für sich:* Verdammt! *Geht.*

VIERZEHNTE SZENE

Der CAVALIERE, *dann sein* DIENER.

CAVALIERE: Da habe ich doch den richtigen Ton getroffen, um sie zu verscheuchen. Was dachten die sich denn? Mich einzuwickeln? Arme Närrinnen! Sollen sie jetzt zum Conte gehen und ihm den schönen Auftritt erzählen! Wären es Damen gewesen, hätte ich aus Respekt fliehen müssen; aber Weibern komme ich mit dem größten Vergnügen grob, wenn ich kann. Mit Mirandolina habe ich allerdings nicht grob verfahren können. Sie hat mich mit so viel Anstand besiegt, daß ich mich fast verpflichtet fühle, sie zu lieben. Aber sie ist Frau, und ich will ihr nicht trauen. Ich will fort. Morgen reise ich. Aber wenn ich damit bis morgen warte und heute abend zum Schlafen ins Haus komme, wer garantiert mir dann, daß Mirandolina mich nicht am Ende doch noch ruiniert? *Überlegt.* Ja, fassen wir einen mannhaften Entschluß!

DIENER: Signore.

CAVALIERE: Was willst du?

DIENER: Der Signor Marchese ist in Ihrem Zimmer und wartet auf Sie, weil er mit Ihnen zu sprechen wünscht.

CAVALIERE: Was will der Narr? Geld soll er mir keines mehr abknöpfen. Er soll warten. Und wenn er bis zum Überdruß gewartet hat, wird er schon gehen. Und du, geh zum Bedienten des Gasthofs und sag ihm, er soll mir sofort die Rechnung bringen.

DIENER: Wie Sie befehlen. *Will gehen.*

CAVALIERE: Hör zu. Mach, daß in zwei Stunden die Koffer gepackt sind.

DIENER: Wollen Sie etwa abreisen?

CAVALIERE: Ja. Bring mir Degen und Hut, aber so, daß es der Marchese nicht merkt.

DIENER: Aber wenn er sieht, daß ich die Koffer packe?

CAVALIERE: Soll er sagen, was er will. Hast du mich verstanden?

DIENER *für sich:* Ach, ich geh ja so ungern fort, wegen Mirandolina! *Geht.*

CAVALIERE: Es ist schon so, ich fühle beim Aufbruch von hier ein eigenes Bedauern, wie ich es noch nie gekannt habe! Um so schlimmer für mich, wenn ich bliebe. Um so rascher muß ich abreisen. Ach, ihr Weiber, ich werde immer schlechter von euch sprechen; ihr tut uns ja Übles an, selbst wenn ihr uns Gutes tun wollt!

Fünfzehnte Szene

Fabrizio *und der* Cavaliere.

FABRIZIO: Ist es wahr, Signore, daß Sie die Rechnung verlangen?

CAVALIERE: Ja. Haben Sie sie?

FABRIZIO: Die Wirtin macht sie gerade.

CAVALIERE: Sie schreibt die Rechnungen?

FABRIZIO: Ja, immer sie. Auch als ihr Vater noch lebte. Sie schreibt und rechnet besser als so mancher junge Kaufmann.

CAVALIERE *für sich:* Was für eine eigenartige Frau ist das!

FABRIZIO: Aber wollen Sie denn so bald wieder fort?

CAVALIERE: Ja, meine Angelegenheiten erfordern es.

FABRIZIO: Bitte vergessen Sie nicht den Bedienten.

CAVALIERE: Bringen Sie mir die Rechnung, und ich weiß, was ich zu tun habe.

FABRIZIO: Wollen Sie die Rechnung hierher?

CAVALIERE: Ich will sie hierher. In mein Zimmer gehe ich vorläufig nicht.

FABRIZIO: Ganz richtig von Ihnen. In Ihrem Zimmer ist dieser lästige Signor Marchese. Wie reizend! Er himmelt die Wirtin an. Da kann er sich die Finger lecken. Mirandolina soll meine Frau werden!

CAVALIERE *gereizt:* Die Rechnung!

FABRIZIO: Ich bring sie sofort. *Geht.*

Sechzehnte Szene

Der Cavaliere *allein.*

CAVALIERE: Alle sind sie in die Mirandolina verliebt. Kein Wunder also, daß auch ich schon im Begriff war, Feuer zu fangen. Aber ich werde abreisen. Ich werde diese unbekannte Macht überwinden ... Was sehe ich? Mirandolina? Was will sie von mir? Sie hält ein Papier in der Hand. Gewiß bringt sie mir die Rechnung. Wie soll ich mich verhalten? Ich muß eben diesen letzten Angriff über mich ergehen lassen. In zwei Stunden reise ich ja schon.

Siebzehnte Szene

Mirandolina *mit einem Zettel in der Hand; der* Cavaliere.

MIRANDOLINA *traurig:* Signore.

CAVALIERE: Was ist, Mirandolina?

MIRANDOLINA *bleibt hinten stehen:* Verzeihen Sie.

CAVALIERE: Treten Sie näher.

MIRANDOLINA *traurig:* Sie haben die Rechnung verlangt: ich habe Ihrem Wunsch entsprochen.

CAVALIERE: Geben Sie her.

MIRANDOLINA: Da ist sie. *Wischt sich mit der Schürze die Augen, während sie ihm die Rechnung gibt.*

CAVALIERE: Was haben Sie? Sie weinen?

MIRANDOLINA: Nichts, Signore. Mir ist nur Rauch in die Augen gestiegen.

CAVALIERE: Rauch in die Augen? Ach, genug ... Wie hoch ist die Rechnung? *Liest:* Zwanzig Paoli? Für vier Tage und bei einer so ausgezeichneten Bewirtung, zwanzig Paoli?

MIRANDOLINA: Das ist Ihre Rechnung.

CAVALIERE: Und die beiden Extragerichte, die Sie mir heute mittag zubereitet haben, sind nicht mit in der Rechnung?

MIRANDOLINA: Verzeihen Sie. Meine Geschenke stelle ich nicht in Rechnung.

CAVALIERE: Sie haben mich beschenkt?

MIRANDOLINA: Verzeihen Sie mir diese Freiheit. Nehmen Sie es als ein Zeichen von ... *Bedeckt ihr Gesicht; tut, als weinte sie.*

CAVALIERE: Was haben Sie denn?

MIRANDOLINA: Ich weiß nicht: Ist es der Rauch, oder tränen mir die Augen nur so?

CAVALIERE: Wenn Sie sich nur nichts geholt haben, als Sie mir diese köstlichen Gerichte zubereiteten!

MIRANDOLINA: Wenn's daher käme, wollt ich's gern ... erleiden ... *Tut so, als würde sie die Tränen zurückhalten.*

CAVALIERE *für sich:* Ach, und wenn ich nicht abreise ... *Zu Mirandolina, verwirrt:* Hier sind zwei Dublonen. Nehmen Sie sie mir zuliebe ... und verzeihen Sie mir ... *Mirandolina sinkt, ohne ein Wort zu sagen, wie ohnmächtig auf einen Stuhl.*

CAVALIERE: Mirandolina! Ach! Mirandolina! Sie ist ohnmächtig geworden. Ob sie vielleicht in mich verliebt ist? Aber so schnell! Weshalb eigentlich nicht? Bin ich etwa nicht in sie verliebt? Liebste Mirandolina ... Liebste? Ich und »Liebste« zu einer Frau? Aber wenn sie doch meinetwegen in Ohnmacht gefallen ist! Ach, wie schön du bist! Wenn ich nur etwas hätte, um sie wieder zu sich zu bringen! Aber ich pflege ja keinen Umgang mit Frauen und besitze keine Essenzen und keine Riechfläschchen. Wer ist denn dort? Ist dort niemand? Rasch ... Ich will selbst gehen. Armes! Des Himmels Segen über dich! *Geht, kommt anschließend wieder.*

MIRANDOLINA: Nun ist er endgültig zu Fall gekommen! Viele Waffen besitzen wir, um die Männer zu besiegen. Doch wenn sie widerspenstig sind, bleibt uns als letztes und sicherstes Mittel die Ohnmacht. Er kommt wieder. *Nimmt ihre alte Stellung ein.*

CAVALIERE *kommt mit einem Krug Wasser:* Da bin ich, da bin ich ja. Und sie ist noch immer nicht zu sich gekommen. Ach, ganz gewiß liebt sie mich. *Besprengt sie mit Wasser, und sie bewegt sich etwas.* Nur Mut! Ich bin ja hier, Liebstes. Ich reise jetzt auch nicht mehr ab.

ACHTZEHNTE SZENE

Der DIENER *mit Degen und Hut,* DIE VORIGEN.

DIENER *zum Cavaliere:* Hier sind Degen und Hut.

CAVALIERE *zum Diener, wütend:* Scher dich weg!

DIENER: Die Koffer ...

CAVALIERE: Mach, daß du fortkommst, verfluchter Kerl!

DIENER: Mirandolina ...

CAVALIERE: Geh, oder ich hau dir den Schädel ein! *Droht mit dem Krug. Diener geht.* Und sie kommt immer noch nicht zu sich? Der Schweiß steht ihr auf der Stirn. Ach, liebste Mirandolina, fassen Sie Mut, machen Sie Ihre Augen auf. Sprechen Sie offen mit mir!

Neunzehnte Szene

Der Marchese *und der* Conte, die Vorigen.

MARCHESE: Cavaliere?

CONTE: Freund?

CAVALIERE *für sich, in äußerster Wut:* Oh, die Verdammten!

MARCHESE: Mirandolina!

MIRANDOLINA *erhebt sich:* Ach!

MARCHESE: Ich habe sie wieder zu sich gebracht.

CONTE: Meinen Glückwunsch, Signor Cavaliere.

MARCHESE: Bravo diesem Signor, der die Frauen nicht leiden kann.

CAVALIERE: So eine Impertinenz!

CONTE: Hat es Sie gepackt?

CAVALIERE: Zum Teufel mit euch allen! *Zerschmettert den Krug vor den Füßen des Conte und des Marchese. Geht wutbebend ab.*

CONTE: Der Cavaliere ist wahnsinnig geworden! *Geht.*

MARCHESE: Für diesen Affront fordere ich Genugtuung! *Geht.*

MIRANDOLINA: Das Werk ist vollbracht. Sein Herz hat Feuer gefangen, lodert und sinkt in Asche. Um meinen Sieg vollständig zu machen, braucht jetzt dieser Triumph nur noch bekannt zu werden: zur Schande der eingebildeten Männer, zum Ruhme unseres Geschlechts.

DRITTER AKT

Erste Szene

Mirandolinas Zimmer. Ein Tisch mit Bügelwäsche.

Mirandolina, *dann* Fabrizio.

MIRANDOLINA: Nun, die Zeit der Unterhaltung ist vorbei. Jetzt will ich an meine Hausarbeit gehen. Ehe die Wäsche noch ganz trocknet, will ich sie bügeln. He, Fabrizio!

FABRIZIO: Signora?

MIRANDOLINA: Tun Sie mir einen Gefallen. Bringen Sie mir das heiße Eisen.

FABRIZIO *ernsthaft, sich zum Gehen anschickend:* Jawohl, Signora.

MIRANDOLINA: Entschuldigen Sie, wenn ich Sie damit belästige.

FABRIZIO: Keine Ursache, Signora. Solange ich Ihr Brot esse, ist es meine Pflicht, Sie zu bedienen. *Will gehen.*

MIRANDOLINA: Halt! Hören Sie: Es ist nicht Ihre Pflicht, mich in diesen Dingen zu bedienen. Aber ich weiß ja, daß Sie es gern für mich tun, und ich ... Schluß, mehr sage ich nicht.

FABRIZIO: Für Sie würde ich auch die Sterne vom Himmel holen. Aber ich sehe, daß alles zwecklos ist.

MIRANDOLINA: Wieso zwecklos? Bin ich denn undankbar?

FABRIZIO: Sie geben sich nicht mit armen Leuten ab. Sie lieben den Adel viel zu sehr.

MIRANDOLINA: Huch! Armer Narr! Wenn ich Ihnen alles sagen könnte! Los, los, holen Sie mir schon das Eisen.

FABRIZIO: Aber wenn ich doch mit meinen eigenen Augen gesehen habe ...

MIRANDOLINA: Ach, reden Sie nicht! Bringen Sie mir das Eisen.

FABRIZIO *im Gehen:* Ich gehe ja schon, ich bediene Sie, aber nicht mehr lange.

MIRANDOLINA *wie für sich, doch so, daß er es hören muß:*

Diese Männer! Je mehr man ihnen zugetan ist, desto schlimmer macht man's!

FABRIZIO *mit Zärtlichkeit, umkehrend:* Was haben Sie gesagt?

MIRANDOLINA: Also, wollen Sie mir das Eisen bringen?

FABRIZIO: Ja, ich bring's Ihnen. *Für sich:* Ich versteh überhaupt nichts. Einmal ist sie nett zu mir, ein andermal wieder grob. Ich versteh überhaupt nichts! *Geht.*

Zweite Szene

Mirandolina, *dann der* Diener *des Cavaliere.*

MIRANDOLINA: Armer Dummkopf! Er ärgert sich grün und blau, daß er mich bedienen muß! Ich muß beinah lachen, wenn ich so die Männer dahin bringe, wo ich sie haben will. Und dieser liebe Signor Cavaliere, der solch ein erbitterter Weiberfeind war? Wenn ich wollte, könnt ich ihn jetzt den größten Unsinn anstellen lassen!

DIENER: Signora Mirandolina.

MIRANDOLINA: Was gibt's, mein Lieber?

DIENER: Mein Herr empfiehlt sich Ihnen und möchte wissen, wie es Ihnen geht.

MIRANDOLINA: Sagen Sie ihm, es geht mir ausgezeichnet.

DIENER: Er sagt, Sie sollen etwas von diesem Melissengeist nehmen, das wird Ihnen sehr gut tun. *Übergibt ihr ein goldenes Fläschchen.*

MIRANDOLINA: Ist das Fläschchen aus Gold?

DIENER: Ja, Signora, aus Gold, ich weiß es genau.

MIRANDOLINA: Warum hat er mir den Melissengeist nicht gegeben, als ich jene schreckliche Ohnmacht bekam?

DIENER: Da hatte er das Fläschchen noch nicht.

MIRANDOLINA: Und wieso hat er es jetzt?

DIENER: Hören Sie, ganz im Vertrauen. Ich habe vorhin einen Goldschmied holen müssen, da hat er's gekauft und zwölf Zechinen dafür bezahlt. Dann hat er mich zum Apotheker geschickt, um den Melissengeist zu kaufen.

MIRANDOLINA *lacht:* Hahaha!

DIENER: Sie lachen?

MIRANDOLINA: Ich lache, weil er mir die Arznei schickt, nachdem ich schon wieder gesund bin.

DIENER: Sie wird für ein andermal gut sein.

MIRANDOLINA: Na, ich nehme ein bißchen als Vorbeugungsmittel. *Trinkt.* Nehmen Sie, und ich lasse danken. *Will ihm das Fläschchen geben.*

DIENER: Oh, das Fläschchen gehört Ihnen.

MIRANDOLINA: Wieso mir?

DIENER: Doch. Mein Herr hat es eigens gekauft.

MIRANDOLINA: Eigens für mich?

DIENER: Für Sie. Aber kein Wort darüber!

MIRANDOLINA: Bringen Sie ihm sein Fläschchen und sagen Sie ihm, daß ich mich bedanke.

DIENER: Aber nicht doch!

MIRANDOLINA: Bringen Sie es ihm, sage ich! Ich will es nicht.

DIENER: Das wollen Sie ihm antun?

MIRANDOLINA: Reden Sie nicht! Tun Sie Ihre Pflicht. Hier!

DIENER: Ich sag nichts mehr. Ich werde es ihm bringen. *Für sich:* Ach, was für eine Frau! Schlägt zwölf Zechinen aus! So eine habe ich noch nie erlebt und werde sie auch nie wieder erleben! *Geht.*

Dritte Szene

Mirandolina, *dann* Fabrizio.

MIRANDOLINA: Oh, wie er glüht, wie er brennt, wie er sich verzehrt! Aber da ich ihn ja nicht aus Eigennutz so weit gebracht habe, will ich nur, daß er die Macht der Frauen zugibt und dabei nicht behaupten kann, daß sie eigennützig und käuflich sind.

FABRIZIO *zurückhaltend, das Bügeleisen in der Hand:* Hier ist das Eisen.

MIRANDOLINA: Ist es gut heiß?

FABRIZIO: Ja, Signora, es ist heiß. Die Hitze möcht ich auch haben.

MIRANDOLINA: Was gibt's denn schon wieder?

FABRIZIO: Dieser Signor Cavaliere schickt Botschaften und Geschenke. Der Diener hat's mir gesagt.

MIRANDOLINA: Jawohl, Signore, er hat mir ein goldenes Fläschchen geschickt. Und ich habe es ihm zurückgeschickt.

FABRIZIO: Sie haben es ihm zurückgeschickt?

MIRANDOLINA: Ja, fragen Sie doch den Diener.

FABRIZIO: Warum haben Sie es ihm zurückgeschickt?

MIRANDOLINA: Weil ... Fabrizio ... damit er nicht sagen soll ... Ach, reden wir von etwas anderm!

FABRIZIO: Liebe Mirandolina, verzeihen Sie mir.

MIRANDOLINA: So gehen Sie doch, lassen Sie mich bügeln.

FABRIZIO: Ich hindere Sie nicht ...

MIRANDOLINA: Machen Sie mir noch ein Eisen zurecht, und bringen Sie es mir, wenn es heiß ist.

FABRIZIO: Ja, ich gehe. Glauben Sie mir, wenn ich so spreche ...

MIRANDOLINA: Kein Wort mehr, sonst werde ich noch böse!

FABRIZIO: Ich bin ja still. *Für sich:* Sie hat ein ganz eigenwilliges Köpfchen, aber ich mag sie gern. *Geht.*

MIRANDOLINA *beim Bügeln:* Also, das hat auch geklappt. Beim Fabrizio mache ich mir ein Verdienst daraus, daß ich das goldene Fläschchen des Cavaliere zurückgewiesen habe. Das heißt, das Leben richtig nehmen zu können, zu wissen, was man tut, und aus allem Nutzen ziehen zu können: mit Grazie, Sauberkeit und ein bißchen Ungeniertheit. Und was die Schlauheit betrifft, soll man mir nicht nachsagen können, daß ich meinem Geschlecht Unehre mache.

Vierte Szene

Der Cavaliere *und* Mirandolina

CAVALIERE *für sich, im Hintergrund:* Da ist sie ja. Ich wollte zwar gar nicht herkommen, aber der Teufel hat mich hergeschleppt.

MIRANDOLINA *sieht ihn von der Seite an, bügelnd:* Da ist er ja.

CAVALIERE: Mirandolina!

MIRANDOLINA *bügelnd:* Ach, der Signor Cavaliere! Ergebenste Dienerin.

CAVALIERE: Wie befinden Sie sich?

MIRANDOLINA *bügelnd, ohne ihn anzuschauen:* Ausgezeichnet, zu Diensten.

CAVALIERE: Ich habe Grund, mich über Sie zu beschweren.

MIRANDOLINA *sieht ihn flüchtig an:* Weshalb, Signore?

CAVALIERE: Warum haben Sie das Fläschchen zurückgewiesen, das ich Ihnen geschickt hatte?

MIRANDOLINA *bügelnd:* Was hätte ich damit tun sollen?

CAVALIERE: Es bei Bedarf gebrauchen.

MIRANDOLINA *bügelnd:* Gott sei Dank werde ich nicht so leicht ohnmächtig. Was mir heute widerfahren ist, ist mir noch nie widerfahren.

CAVALIERE: Liebe Mirandolina ... ich möchte nicht die Ursache zu diesem unglückseligen Unfall gewesen sein.

MIRANDOLINA *bügelnd:* Und doch fürchte ich, daß gerade Sie die Ursache gewesen sind.

CAVALIERE *leidenschaftlich:* Ich? Wirklich?

MIRANDOLINA *bügelt wütend:* Sie haben mir diesen verdammten Burgunder zu trinken gegeben, und der ist mir nicht bekommen.

CAVALIERE *verstört:* Wie? Wie kann das sein?

MIRANDOLINA *bügelnd:* Jedenfalls ist es so. In Ihr Zimmer gehe ich nie wieder.

CAVALIERE *verliebt:* Ich verstehe Sie. Sie wollen nicht mehr in mein Zimmer kommen? Ich begreife das Geheimnis.

Ja, ich begreife es. Aber kommen Sie doch, meine Liebe, Sie werden zufrieden sein.

MIRANDOLINA: Das Eisen ist nicht mehr heiß. *Ruft laut in die Szene:* He! Fabrizio! Bringen Sie mir das andere Eisen, wenn es schon heiß ist.

CAVALIERE: Tun Sie mir den Gefallen und nehmen Sie dies Fläschchen.

MIRANDOLINA *verächtlich, bügelnd:* Eigentlich, Signor Cavaliere, nehme ich keine Geschenke.

CAVALIERE: Sie haben sie doch auch vom Conte von Albafiorita genommen.

MIRANDOLINA *bügelnd:* Ich mußte ja. Um ihn nicht zu beleidigen.

CAVALIERE: Aber mir wollen Sie so etwas antun? Mich wollen Sie beleidigen?

MIRANDOLINA: Was kümmert es Sie schon, wenn eine Frau Sie beleidigt? Sie können ja die Frauen nicht ausstehen!

CAVALIERE: Ach, Mirandolina! Jetzt kann ich das nicht mehr sagen.

MIRANDOLINA: Signor Cavaliere, um wieviel Uhr beginnt der Neumond?

CAVALIERE: Ich bin nicht so wechselhaft, meine Wandlung ist von Bestand. Das ist der Zauber Ihrer Schönheit, Ihrer Grazie.

MIRANDOLINA *lacht laut und bügelt:* Hahaha!

CAVALIERE: Sie lachen?

MIRANDOLINA: Wie soll ich denn nicht? Sie machen sich über mich lustig, und da soll ich nicht lachen?

CAVALIERE: Ach, Sie Schlauköpfchen! Ich mache mich über Sie lustig, was? Hier, nehmen Sie schon das Fläschchen.

MIRANDOLINA *bügelnd:* Danke, danke!

CAVALIERE: Nehmen Sie es, oder ich werde böse!

MIRANDOLINA *ruft laut, übertreibend:* Fabrizio, das Eisen!

CAVALIERE *aufgebracht:* Nehmen Sie es, oder nehmen Sie es nicht?

MIRANDOLINA: Toll! toll! *Nimmt das Fläschchen und wirft es achtlos in den Wäschekorb.*

CAVALIERE: So gehen Sie damit um?
MIRANDOLINA *ruft laut, wie oben:* Fabrizio!

Fünfte Szene

Fabrizio *mit dem Eisen,* die Vorigen.

FABRIZIO: Hier bin ich. *Sieht den Cavaliere und wird eifersüchtig.*
MIRANDOLINA *nimmt das Eisen:* Ist es heiß genug?
FABRIZIO *mit Zurückhaltung:* Ja, Signora.
MIRANDOLINA *zu Fabrizio, zärtlich:* Was ist Ihnen? Sie sehen so erregt aus!
FABRIZIO: Nichts, Padrona, nichts.
MIRANDOLINA *wie oben:* Fühlen Sie sich nicht wohl?
FABRIZIO: Geben Sie mir das andere Eisen, wenn ich's ins Feuer tun soll.
MIRANDOLINA *wie oben:* Wirklich, ich fürchte, Ihnen ist nicht gut!
CAVALIERE: Geben Sie ihm schon das Eisen, damit er verschwindet!
MIRANDOLINA *zum Cavaliere:* Ich mag ihn gern, wissen Sie? Er ist mein vertrauter Diener.
CAVALIERE *für sich, rasend:* Das halte ich nicht mehr aus!
MIRANDOLINA *reicht Fabrizio das Eisen:* Nehmen Sie, mein Lieber. Machen Sie es heiß.
FABRIZIO *zärtlich:* Signora Padrona . . .
MIRANDOLINA *jagt ihn fort:* Los, los! Schnell, schnell!
FABRIZIO *für sich:* Was ist das für ein Leben! Das kann ich nicht mehr aushalten! *Geht.*

Sechste Szene

Der Cavaliere *und* Mirandolina.

CAVALIERE: Wie freundlich zu Ihrem Bedienten, Signora!
MIRANDOLINA: Und? Was wollen Sie damit sagen?
CAVALIERE: Man merkt, daß Sie in ihn vernarrt sind.
MIRANDOLINA *bügelnd:* Ich, und in einen Bedienten ver-

narrt? Sie machen mir ein schönes Kompliment, Signore! So einen schlechten Geschmack habe ich nicht. Hätte ich Lust zur Liebe, würde ich meine Zeit nicht so übel vertun.

CAVALIERE: Sie verdienten, von einem König geliebt zu werden.

MIRANDOLINA *bügelnd:* Piquekönig oder Karokönig?

CAVALIERE: Reden wir im Ernst, Mirandolina, und lassen wir den Spaß!

MIRANDOLINA *bügelnd:* Reden Sie nur, ich höre schon zu.

CAVALIERE: Könnten Sie nicht ein wenig mit Bügeln aufhören?

MIRANDOLINA: Ach, verzeihen Sie. Aber mir ist sehr daran gelegen, die Wäsche bis morgen fertig zu haben.

CAVALIERE: Dann liegt Ihnen also mehr an der Wäsche als an mir?

MIRANDOLINA *bügelnd:* Gewiß.

CAVALIERE: Das bestätigen Sie auch noch?

MIRANDOLINA *bügelnd:* Sicher. Denn diese Wäsche soll mir von Nutzen sein, aber auf Sie kann ich überhaupt nicht zählen.

CAVALIERE: Doch, Sie können ganz und gar über mich verfügen!

MIRANDOLINA: Ach was, Sie mögen ja keine Frauen!

CAVALIERE: Quälen Sie mich nicht länger! Sie haben sich schon genügend gerächt. Ich verehre Sie, und ich verehre alle Frauen, die so sind wie Sie, vorausgesetzt, daß es sie gibt. Ich verehre Sie, ich liebe Sie, und ich bitte Sie um Verzeihung!

MIRANDOLINA: Ja, Signore, wir werden es ihr ausrichten. *Bügelt schnell und läßt den Lappen fallen, mit dem sie das Eisen gehalten hat.*

CAVALIERE *hebt den Lappen auf und gibt ihn ihr:* Glauben Sie mir . . .

MIRANDOLINA: Bemühen Sie sich nicht.

CAVALIERE: Sie verdienen es, daß man Sie bedient.

MIRANDOLINA *lacht laut:* Hahaha!

CAVALIERE: Sie lachen?

MIRANDOLINA: Ich lache, weil Sie sich über mich lustig machen.

CAVALIERE: Mirandolina, ich kann nicht mehr!

MIRANDOLINA: Ist Ihnen nicht gut?

CAVALIERE: Mir schwinden die Sinne.

MIRANDOLINA *wirft ihm verächtlich das Fläschchen zu:* Da haben Sie Ihren Melissengeist!

CAVALIERE: Seien Sie doch nicht so hartherzig zu mir. Glauben Sie mir, ich liebe Sie. Ich schwöre es Ihnen. *Will ihre Hand ergreifen, und sie verbrennt ihn mit dem Bügeleisen.* Au!

MIRANDOLINA: Verzeihen Sie, das wollte ich nicht!

CAVALIERE: Schon gut. Das ist nichts. Sie haben mich viel ärger verbrannt.

MIRANDOLINA: Wo denn, Signore?

CAVALIERE: Im Herzen.

MIRANDOLINA *ruft lachend:* Fabrizio!

CAVALIERE: Um Gottes willen, rufen Sie den nicht!

MIRANDOLINA: Wenn ich doch ein anderes Eisen brauche ...

CAVALIERE: Warten Sie ... *Für sich:* Aber nein ... *Zu Mirandolina:* Ich werde meinen Diener rufen.

MIRANDOLINA *will Fabrizio rufen:* He! Fabr ...

CAVALIERE: Ich schwör's beim Himmel: Ich schlage ihm den Schädel ein, wenn er kommt!

MIRANDOLINA: Da hört sich doch alles auf! Kann ich denn nicht über meine Leute verfügen?

CAVALIERE: Rufen Sie einen anderen, ich kann ihn nicht sehen.

MIRANDOLINA: Ich finde, Sie kommen mir etwas zu nahe, Signor Cavaliere. *Tritt vom Tisch weg mit dem Eisen in der Hand.*

CAVALIERE: Verzeihen Sie ... ich bin außer mir.

MIRANDOLINA: Ich gehe selbst in die Küche, so werden Sie zufrieden sein.

CAVALIERE: Nein, Liebe, bleiben Sie.

MIRANDOLINA *hin und her gehend:* Das ist schon kurios.

CAVALIERE *geht ihr nach:* Verzeihen Sie mir.

MIRANDOLINA *gehend:* Kann ich nicht rufen, wen ich will?

CAVALIERE *geht ihr nach:* Ich geb's zu, ich bin eifersüchtig auf ihn.

MIRANDOLINA *gehend, für sich:* Er läuft mir nach wie ein Hündchen.

CAVALIERE: Das ist das erstemal, daß ich fühle, was Liebe ist.

MIRANDOLINA *gehend:* Mir hat noch nie jemand befohlen.

CAVALIERE *geht ihr nach:* Ich will Ihnen auch nicht befehlen: ich bitte Sie.

MIRANDOLINA *sich stolz umdrehend:* Was wollen Sie von mir?

CAVALIERE: Liebe, Mitleid, Vergebung.

MIRANDOLINA: Ein Mann, der am Morgen die Frauen nicht ausstehen konnte, bittet noch am gleichen Tag um Liebe und Vergebung? Darauf gebe ich nichts, das ist ausgeschlossen, das glaube ich nicht! *Für sich:* Krepier, platze, lern nur die Frauen verachten! *Geht.*

SIEBENTE SZENE

Der CAVALIERE *allein.*

CAVALIERE: Verflucht der Augenblick, in dem ich sie zum erstenmal gesehen habe! Ich bin in die Schlinge gegangen, und da gibt es kein Entkommen mehr!

ACHTE SZENE

Der MARCHESE *und der* CAVALIERE.

MARCHESE: Cavaliere, Sie haben mich beleidigt.

CAVALIERE: Verzeihen Sie mir, es war ein Unglück.

MARCHESE: Ich wundere mich über Sie.

CAVALIERE: Schließlich hat Sie der Krug nicht getroffen.

MARCHESE: Ein Wasserspritzer hat meinen Anzug verunreinigt.

CAVALIERE: Ich bitte Sie nochmals um Verzeihung.

MARCHESE: Das ist eine Impertinenz.

CAVALIERE: Ich tat es nicht mit Absicht. Zum drittenmal: verzeihen Sie mir.

MARCHESE: Ich fordere Genugtuung.

CAVALIERE: Nun, wenn Sie mir nicht verzeihen wollen, sondern Genugtuung fordern: Da bin ich, ich fürchte mich nicht vor Ihnen.

MARCHESE *kleinlaut:* Ich habe nur Angst, daß der Fleck nicht mehr herausgehen wird. Und das bringt mich in Wut.

CAVALIERE *verächtlich:* Wenn ein Edelmann Sie um Verzeihung bittet, was verlangen Sie dann noch?

MARCHESE: Wenn Sie es nicht mit Absicht getan haben, wollen wir es dabei bewenden lassen.

CAVALIERE: Ich sage Ihnen, daß ich Ihnen jede Art Genugtuung geben kann!

MARCHESE: Ach, sprechen wir nicht mehr darüber.

CAVALIERE: Sie Flegel!

MARCHESE: Das ist aber allerhand! Mir ist der Zorn vergangen, und Ihnen kommt er jetzt.

CAVALIERE: Sie haben mich gerade in bester Laune angetroffen.

MARCHESE: Ich verzeihe Ihnen, denn ich weiß, woran Sie leiden.

CAVALIERE: Ich kümmere mich auch nicht um Ihre Angelegenheiten.

MARCHESE: Herr Weiberfeind, da sind Sie wohl ins Garn gegangen, äh?

CAVALIERE: Ich? Wieso?

MARCHESE: Ja, ja, Sie sind verliebt ...

CAVALIERE: Den Teufel bin ich, der Sie holen soll!

MARCHESE: Wozu sich verstellen? ...

CAVALIERE: Lassen Sie mich in Ruhe, oder bei Gott, Sie werden es mir büßen! *Geht.*

NEUNTE SZENE

Der MARCHESE *allein.*

MARCHESE: Er ist verliebt; er schämt sich und will nicht, daß man's merkt. Aber vielleicht will er es auch deshalb nicht, weil er mich fürchtet. Er wird Angst haben, sich als mein Rivale zu bekennen. Der Fleck ärgert mich doch gewaltig; wenn ich nur wüßte, wie man ihn beseitigen könnte! Diese Frauen haben doch meistens irgendein Mittelchen, um die Flecken wegzubringen. *Sucht auf dem Tisch und im Waschkorb.* Hübsch, dies Fläschchen! Ob es aus Gold ist? Oder aus Prinzmetall? Ach, es wird Prinzmetall sein: wär's aus Gold, würde sie es nicht so herumliegen lassen. Vielleicht enthält es Kampferessenz, und ich könnte den Flecken damit wegmachen. *Öffnet das Fläschchen, riecht und kostet.* Es ist Melissengeist. Das könnte auch gehen. Ich will's versuchen.

ZEHNTE SZENE

DEJANIRA *und der* MARCHESE.

DEJANIRA: Signor Marchese, was tun Sie denn hier allein? Mir geben Sie wohl nie die Ehre?

MARCHESE: Oh, Signora Contessa! Ich wollte Ihnen soeben meine Aufwartung machen.

DEJANIRA: Warum sind Sie denn hier?

MARCHESE: Wissen Sie, ich halte auf peinlichste Sauberkeit und wollte diesen kleinen Fleck wegmachen.

DEJANIRA: Womit, Signore?

MARCHESE: Hier, mit dem Melissengeist.

DEJANIRA: Oh, verzeihen Sie, aber Melissengeist taugt da nicht, der Fleck würde nur größer werden.

MARCHESE: Was soll ich denn tun?

DEJANIRA: Ich weiß ein Geheimmittel, mit dem man die Flecken wegbringt.

MARCHESE: Wenn Sie es mir sagen, erweisen Sie mir einen großen Gefallen.

DEJANIRA: Gern. Mit einem Scudo verpflichte ich mich, den Fleck so wegzubringen, daß man überhaupt nicht mehr sieht, wo er einmal gewesen ist.

MARCHESE: Dazu brauchen Sie einen Scudo?

DEJANIRA: Ja, Signore. Finden Sie das zuviel?

MARCHESE: Wir wollen es doch lieber mit dem Melissengeist versuchen.

DEJANIRA: Bitte schön. Ist der Geist gut?

MARCHESE: Köstlich, versuchen Sie nur. *Reicht ihr das Fläschchen.*

DEJANIRA *versucht:* Ach, ich kann besseren machen.

MARCHESE: Sie verstehen sich darauf?

DEJANIRA: Ja, Signore, ich interessiere mich für alles.

MARCHESE: Bravo, meine Dame, bravo! So gefallen Sie mir.

DEJANIRA: Ob das Fläschchen aus Gold ist?

MARCHESE: Was denn? Natürlich ist es aus Gold. *Für sich:* Sie kann Gold nicht von Prinzmetall unterscheiden.

DEJANIRA: Gehört es Ihnen, Signor Marchese?

MARCHESE: Es gehört mir, und es gehört Ihnen, wenn Sie wollen.

DEJANIRA: Sehr verbunden für Ihre Aufmerksamkeit. *Steckt das Fläschchen ein.*

MARCHESE: Äh, ich weiß schon, daß Sie scherzen.

DEJANIRA: Wie, haben Sie es mir nicht angeboten?

MARCHESE: Das ist nichts für Ihresgleichen. Eine Bagatelle. Ich will Ihnen mit etwas Besserem aufwarten, wenn Sie belieben.

DEJANIRA: Oh, ich staune. Es ist auch zuviel. Ich danke Ihnen, Signor Marchese.

MARCHESE: Hören Sie, unter uns gesagt: es ist kein Gold, sondern Prinzmetall.

DEJANIRA: Um so besser. Das ist mir lieber als Gold. Außerdem ist für mich alles wertvoll, was aus Ihren Händen kommt.

MARCHESE: Genug. Was soll ich noch dazu sagen: Bedienen Sie sich, wenn Sie belieben. *Für sich:* Na, ich werde es eben Mirandolina ersetzen müssen. Was kann es wert sein? Einen Filippo?

DEJANIRA: Der Signor Marchese sind ein freigebiger Edelmann.

MARCHESE: Es ist mir peinlich, solche Bagatellen zu verschenken. Ich wünschte, das Fläschchen wäre aus Gold.

DEJANIRA: Es sieht aber auch ganz wie Gold aus. *Zieht das Fläschchen hervor und betrachtet es.* Da könnte sich jeder täuschen.

MARCHESE: Es ist wahr: wer nicht an Gold gewöhnt ist, läßt sich täuschen. Aber ich erkenne es auf den ersten Blick.

DEJANIRA: Auch dem Gewicht nach scheint es Gold zu sein.

MARCHESE: Und doch ist es keines.

DEJANIRA: Ich will es meiner Freundin zeigen.

MARCHESE: Hören Sie, Contessa, lassen Sie es nicht Mirandolina sehen. Sie ist geschwätzig. Ich weiß nicht, ob Sie mich verstehen.

DEJANIRA: Ich verstehe sehr gut. Ich zeig's nur der Ortensia.

MARCHESE: Der Baronin?

DEJANIRA: Ja, ja, der Baronin. *Geht lachend ab.*

Elfte Szene

Der Marchese, *dann der* Diener *des Cavaliere.*

MARCHESE: Ich glaube, sie lacht, weil sie mich mit soviel Anmut um das Fläschchen gebracht hat. Ja, wenn es aus Gold wäre! Ein Glück, daß ich die Geschichte mit wenig Geld wieder in Ordnung bringen kann. Will Mirandolina ihr Fläschchen wiederhaben, zahl ich's ihr eben, sobald ich kann.

DIENER *sucht auf dem Tisch:* Sapperlot, wo kann nur das Fläschchen sein?

MARCHESE: Was suchen Sie, lieber Mann?

DIENER: Ich suche ein Fläschchen mit Melissengeist. Die Signora Mirandolina will's haben. Sie sagt, daß sie es hiergelassen hat. Aber ich kann's nicht finden.

MARCHESE: War es ein Fläschchen aus Prinzmetall?

DIENER: Nein, Signore, aus Gold.

MARCHESE: Aus Gold?

DIENER *sucht:* Natürlich, aus Gold. Ich hab doch gesehen, wie es für zwölf Zechinen gekauft wurde.

MARCHESE *für sich:* Ah, ich Unglücklicher! *Zum Diener:* Aber wie kann man nur ein goldenes Fläschchen so herumliegen lassen?

DIENER: Sie hat's vergessen. Und ich kann's nicht finden.

MARCHESE: Ich kann mir immer noch nicht vorstellen, daß es aus Gold gewesen ist.

DIENER: Wenn ich es Ihnen doch sage. Haben es Euer Hochwohlgeboren vielleicht gesehen?

MARCHESE: Ich? . . . Ich habe nichts gesehen.

DIENER: Genug. Ich will ihr sagen, daß ich es nicht finde. Ihr eigener Schaden. Sie hätte es ja in die Tasche stecken können. *Geht.*

Zwölfte Szene

Der Marchese, *dann der* Conte.

MARCHESE: Oh, ärmster Marchese von Forlipopoli! Ich habe ein Goldfläschchen verschenkt, das zwölf Zechinen wert ist. Und habe es als Prinzmetall verschenkt. Wie soll ich mich bei einer so gewichtigen Angelegenheit verhalten? Nehme ich es der Contessa wieder ab, mache ich mich bei ihr lächerlich. Wenn Mirandolina entdeckt, daß ich es gehabt habe, ist mein Ansehen in Gefahr. Ich bin ein Edelmann. Und ich muß bezahlen. Aber ich habe kein Geld.

CONTE: Signor Marchese, was sagen Sie zu dieser wunderbaren Neuigkeit?

MARCHESE: Was für eine Neuigkeit?

CONTE: Der Cavaliere Rauhbautz, dieser Weiberfeind, ist in Mirandolina verliebt.

MARCHESE: Freut mich. Soll er nur unfreiwillig den Wert dieser Frau kennenlernen. Soll er nur merken, daß ich mich nicht in jemand verliebe, der es nicht verdient. Leiden soll er, umkommen soll er zur Strafe für seine Impertinenz!

CONTE: Aber wenn Mirandolina seine Liebe erwidert?

MARCHESE: Das ist nicht möglich. So etwas wird sie mir nicht antun. Sie weiß, wer ich bin. Und sie weiß, was ich für sie getan habe.

CONTE: Ich habe mehr getan als Sie. Aber das ist alles umsonst. Mirandolina gibt sich mit dem Cavaliere von Ripafratta ab und erweist ihm Aufmerksamkeiten, die sie weder Ihnen noch mir erwiesen hat. Da sieht man's eben: Je mehr man für die Frauen tut, desto weniger gilt man bei ihnen; sie verlachen den, der sie verehrt, und hängen sich an den, der sie verachtet.

MARCHESE: Wenn das wahr wäre ... aber das ist doch ausgeschlossen.

CONTE: Warum ausgeschlossen?

MARCHESE: Wollen Sie etwa den Cavaliere mit mir auf eine Stufe stellen?

CONTE: Haben Sie nicht selbst gesehen, wie sie an seinem Tisch saß? Ist sie uns vielleicht jemals so vertraut gekommen? Er bekommt ausgesuchte Wäsche. Zu Tisch wird er vor allen anderen bedient. Seine Gerichte bereitet sie eigenhändig. Die Bedienten sehen alles und reden darüber. Fabrizio zittert vor Eifersucht. Und dann diese Ohnmacht; echt oder vorgetäuscht: ist sie nicht ein klares Zeichen von Liebe?

MARCHESE: Ha! Er bekommt wohlschmeckende Ragouts vorgesetzt, und ich zähes Rindfleisch und wässrige Reissuppe! Ja, es ist wahr, das ist eine Verhöhnung meines Ranges und Standes.

CONTE: Und ich, der ich soviel für sie ausgegeben habe?

MARCHESE: Und ich, der ich sie fortwährend beschenkt habe? Sogar von meinem kostbaren Zypernwein habe ich ihr gegeben. Der Cavaliere hat gewiß nicht einen Deut von dem getan, was wir getan haben.

CONTE: Zweifeln Sie nicht, auch er hat sie beschenkt.

MARCHESE: So? Was hat er ihr denn geschenkt?

CONTE: Ein goldenes Fläschchen mit Melissengeist.

MARCHESE *für sich:* O weh! *Zum Conte:* Woher wissen Sie das?

CONTE: Sein Diener hat es meinem erzählt.

MARCHESE *für sich:* Das wird immer schlimmer. Jetzt gerate ich an den Cavaliere.

CONTE: Ich sehe, sie ist undankbar. Ich werde Sie auf jeden Fall verlassen und zur Stunde noch diesem unwürdigen Gasthof den Rücken kehren.

MARCHESE: Ja, Sie haben ganz recht. Gehen Sie.

CONTE: Und Sie, als Edelmann von so hohem Ansehen, müssen mit mir abreisen.

MARCHESE: Aber ... wo soll ich denn hin?

CONTE: Ich werde Ihnen schon ein Logis finden. Lassen Sie mich nur machen.

MARCHESE: Dies Logis wäre ... zum Beispiel ...

CONTE: Wir ziehen zu einem Landsmann von mir. Das kostet uns nichts.

MARCHESE: Genug. Sie sind mir ein so guter Freund, daß ich es Ihnen nicht abschlagen kann.

CONTE: Gehen wir, rächen wir uns an diesem undankbaren Weib!

MARCHESE: Ja, gehen wir. *Für sich:* Aber – was soll nun aus dem Fläschchen werden? Ich bin ein Edelmann und darf keine schlechte Handlung begehen.

CONTE: Bereuen Sie es jetzt nicht, Signor Marchese. Gehen wir fort von hier. Tun Sie mir diesen Gefallen, und dann verfügen Sie über mich: wo ich kann, will ich Ihnen zu Diensten sein.

MARCHESE: Unter uns, aber es soll niemand wissen: mein Verwalter ist manchmal mit den Abgaben im Verzug ...

CONTE: Sind Sie ihr vielleicht noch etwas schuldig?

MARCHESE: Ja, zwölf Zechinen.

CONTE: Zwölf Zechinen? Da müssen Sie ihr ja schon monatelang nichts mehr bezahlt haben.

MARCHESE: So ist es, ich bin ihr zwölf Zechinen schuldig.

Ich kann hier nicht fort, ohne zu zahlen. Wenn Sie die Freundlichkeit hätten ...

CONTE: Gern. Hier haben Sie zwölf Zechinen. *Zieht den Geldbeutel.*

MARCHESE: Einen Augenblick. Jetzt fällt mir ein, daß es ja dreizehn sind. *Für sich:* Ich will doch auch dem Cavaliere seine Zechine zurückgeben.

CONTE: Zwölf oder dreizehn ist für mich dasselbe. Nehmen Sie.

MARCHESE: Ich werde sie Ihnen so bald wie möglich zurückerstatten.

CONTE: Verfügen Sie ruhig über mich. Ich habe ja genug Geld. Und um mich an ihr zu rächen, würde ich auch tausend Dublonen springen lassen.

MARCHESE: Ja, sie ist wirklich ein undankbares Geschöpf. Ich habe soviel für sie ausgegeben, und so behandelt sie mich.

CONTE: Ich will ihren Gasthof ruinieren. Ich habe auch die beiden Komödiantinnen fortgeschickt.

MARCHESE: Was für Komödiantinnen?

CONTE: Die hier gewohnt haben: Ortensia und Dejanira.

MARCHESE: Wie! Es sind keine Damen?

CONTE: Nein, Schauspielerinnen. Jetzt sind ihre Leute da, und der Traum ist aus.

MARCHESE *für sich:* Mein Fläschchen! *Zum Conte:* Wo wohnen sie?

CONTE: In einem Haus am Theater.

MARCHESE *für sich:* Ich will augenblicklich mein Fläschchen zurückholen. *Geht.*

CONTE: An ihr werde ich mich auf diese Weise rächen. Und der Cavaliere, der sich so gut zu verstellen weiß, um mir dann in den Rücken zu fallen, wird es mir auf andere Weise büßen müssen. *Geht.*

Dreizehnte Szene

Zimmer mit drei Türen.

Mirandolina *allein.*

MIRANDOLINA: Ach, ich beklagenswertes Geschöpf! Da bin ich ja arg in die Klemme geraten. Wenn jetzt der Cavaliere kommt, habe ich die Bescherung. In den ist der Teufel gefahren. Und der Teufel soll ihn mir ja nicht hierher bringen. Ich will diese Tür hier abschließen. *Schließt die Tür ab, durch die sie hereingekommen ist.* Jetzt bereue ich schon fast, was ich getan habe. Es ist wahr, ich habe mein Vergnügen daran gehabt, ihn so richtig ans Gängelband zu nehmen, diesen stolzen Weiberfeind. Aber jetzt, wo der Kerl von allen Furien besessen ist, sehe ich doch mein Ansehen und sogar mein Leben in Gefahr. Da werde ich wohl einen großen Entschluß fassen müssen. Ich bin allein und habe niemand, der mich mutig in Schutz nimmt. In einem solchen Fall kann mir niemand anders von Nutzen sein als eben der gute Fabrizio. Ich will ihm versprechen, ihn zu heiraten ... Aber ... Versprechen hin, Versprechen her, er wird es leid sein und mir nicht mehr glauben ... Es ist fast besser, ich heirate ihn wirklich. Schließlich habe ich mit einer solchen Heirat auch Aussicht, mein Interesse und und mein Ansehen zu sichern, ohne daß meine Freiheit darunter leidet.

Vierzehnte Szene

Der Cavaliere *hinter der Tür,* Mirandolina, *dann* Fabrizio. *Der Cavaliere klopft an die Tür.*

MIRANDOLINA: Man klopft hier an die Tür. Wer ist das? *Tritt an die Tür.*

CAVALIERE *von außen:* Mirandolina.

MIRANDOLINA *für sich:* Der Freund ist da.

CAVALIERE *wie oben:* Mirandolina, machen Sie mir auf!

MIRANDOLINA *für sich:* Ihm aufmachen? Nein, so dumm bin ich nicht. *Zum Cavaliere:* Was wünschen Sie, Signor Cavaliere?

CAVALIERE *von außen:* Machen Sie mir auf.

MIRANDOLINA: Bitte, gehen Sie in Ihr Zimmer und warten Sie dort auf mich. Ich werde gleich zu Ihnen kommen.

CAVALIERE *wie oben:* Warum wollen Sie mir nicht aufmachen?

MIRANDOLINA: Es kommen Fremde. Tun Sie mir den Gefallen und gehen Sie, ich bin gleich bei Ihnen.

CAVALIERE: Ich gehe. Aber wenn Sie nicht kommen, dann wehe Ihnen! *Geht.*

MIRANDOLINA: Wenn Sie nicht kommen, wehe Ihnen! Wehe mir, wenn ich ginge! Das wird ja immer schlimmer. Wir müssen dem abhelfen, wenn's geht. Ist er auch fort? *Sieht durchs Schlüsselloch.* Ja, ja, er ist fort. Er erwartet mich in seinem Zimmer, aber ich geh nicht hin. *Zu einer anderen Tür:* He, Fabrizio! – Das wäre jetzt noch was, wenn sich Fabrizio an mir rächen würde und nicht wollte ... Ach was, da ist nichts zu fürchten. Ich hab schon meine Manierchen und meine Frätzchen; auf das müssen sie ja hereinfallen, und wären sie aus Stein. *Ruft zu einer anderen Tür:* Fabrizio!

FABRIZIO: Sie haben gerufen?

MIRANDOLINA: Kommen Sie. Ich will Ihnen etwas anvertrauen.

FABRIZIO: Da bin ich.

MIRANDOLINA: Wissen Sie, der Cavaliere von Ripafratta hat mir seine Liebe gestanden.

FABRIZIO: Na, das habe ich gemerkt.

MIRANDOLINA: So? Sie haben es gemerkt? Wirklich, mir ist nie etwas aufgefallen.

FABRIZIO: Du arme Einfalt! Sie haben nichts gemerkt? Haben Sie denn nicht gesehen, was für Gesichter er Ihnen geschnitten hat, als Sie bügelten? Und wie eifersüchtig er auf mich gewesen ist?

MIRANDOLINA: Was ich tue, das tue ich ohne Hintergedanken, und ich nehme die Dinge mit Gleichgültigkeit auf. Genug. Sie haben mir jetzt gewisse Dinge gesagt, Fabrizio, die mich tatsächlich zum Erröten bringen.

FABRIZIO: Sehen Sie, das kommt daher, daß Sie jung sind und alleinstehend, ohne Vater, ohne Mutter, ohne irgend jemand. Wären Sie verheiratet, könnte so etwas nicht vorkommen.

MIRANDOLINA: Gut, ich sehe ein, daß Sie recht haben. Ich habe mich entschlossen, zu heiraten.

FABRIZIO: Denken Sie an Ihren Vater.

MIRANDOLINA: Ja, ich denke an ihn.

Fünfzehnte Szene

Der CAVALIERE *hinter der Tür,* DIE VORIGEN. *Der Cavaliere klopft an dieselbe Tür wie vorhin.*

MIRANDOLINA *zu Fabrizio:* Man klopft.

FABRIZIO *laut zur Tür:* Wer klopft denn?

CAVALIERE *von außen:* Machen Sie auf!

MIRANDOLINA *zu Fabrizio:* Der Cavaliere!

FABRIZIO *geht zur Tür, um aufzumachen?* Was will er denn?

MIRANDOLINA: Warten Sie, bis ich fort bin.

FABRIZIO: Wovor haben Sie Angst?

MIRANDOLINA: Lieber Fabrizio, ich weiß nicht, ich fürchte um meine Ehre. *Geht.*

FABRIZIO: Verlassen Sie sich darauf, ich werde sie verteidigen.

CAVALIERE *von außen:* Machen Sie mir auf, zum Donnerwetter!

FABRIZIO: Was wünschen Sie, Signore? Was soll dieser Lärm? In einem ehrbaren Gasthof ist das nicht Sitte.

CAVALIERE: Machen Sie die Tür auf! *Rüttelt daran.*

FABRIZIO: Alle Teufel! Ich will nichts überstürzen. Männer, wo seid ihr? Ist niemand da?

SECHZEHNTE SZENE

Der MARCHESE *und der* CONTE *durch die Mitteltür,* DIE VORIGEN.

CONTE *auf der Schwelle:* Was ist denn los?

MARCHESE *auf der Schwelle:* Was ist das für ein Lärm?

FABRIZIO *leise, damit es der Cavaliere nicht hören soll:* Signori, ich bitte Sie, der Signor Cavaliere von Ripafratta will diese Tür sprengen.

CAVALIERE *von außen:* Mach auf, oder ich schlage die Tür ein.

MARCHESE *zum Conte:* Vielleicht ist er verrückt geworden. Gehen wir lieber.

CONTE *zu Fabrizio:* Machen Sie ihm auf. Ich habe ohnehin mit ihm zu reden.

FABRIZIO: Ich will aufmachen. Aber ich flehe Sie an ...

CONTE: Sie brauchen nichts zu fürchten. Wir sind ja da.

MARCHESE *für sich:* Wenn's gefährlich wird, mach ich mich aus dem Staub.

Fabrizio öffnet, und der Cavaliere kommt herein.

CAVALIERE: Himmel, wo ist sie?

FABRIZIO: Wen suchen Sie denn, Signore?

CAVALIERE: Wo ist Mirandolina?

FABRIZIO: Ich weiß es nicht.

MARCHESE *für sich:* Er hat's mit der Mirandolina. Keine Gefahr.

CAVALIERE: Die Ruchlose, ich werde sie schon aufspüren! *Geht weiter, sieht den Conte und den Marchese.*

CONTE *zum Cavaliere:* Mit wem haben Sie es denn?

MARCHESE: Cavaliere, wir sind doch Freunde.

CAVALIERE *für sich:* Oh! Um alles in der Welt möchte ich nicht, daß sie von meiner Schwäche erfahren.

FABRIZIO: Signore, was wünschen Sie von der Wirtin?

CAVALIERE: Mit dir habe ich nicht darüber zu reden. Ich wünsche, daß man meinen Befehlen nachkommt. Dafür zahle ich mein Geld, und, beim Himmel, sie wird es mit mir zu tun bekommen.

FABRIZIO: Euer Hochwohlgeboren zahlen Euer Geld, um in erlaubten und ehrenhaften Dingen bedient zu werden. Aber Sie können nicht verlangen, mit Verlaub zu sagen, daß eine ehrbare Frau ...

CAVALIERE: Was sagst du da? Was weißt denn du? Du hast dich nicht in meine Angelegenheiten zu mischen. Ich weiß schon, was ich ihr befohlen habe.

FABRIZIO: Sie haben sie auf Ihr Zimmer bestellt.

CAVALIERE: Scher dich weg, Kerl, oder ich schlag dir den Schädel ein.

FABRIZIO: Ich muß mich über Sie wundern ...

MARCHESE *zu Fabrizio:* Still!

CONTE *zu Fabrizio:* Gehen Sie.

CAVALIERE *zu Fabrizio:* Mach, daß du fortkommst!

FABRIZIO *erhitzt sich:* Ich sage ihnen, Signore ...

MARCHESE: Weg!
CONTE: Weg! *Jagen ihn fort.*

FABRIZIO *für sich:* Verdammt! Am liebsten möchte ich mich auf ihn stürzen! *Geht.*

Siebzehnte Szene

Der Cavaliere, *der* Marchese *und der* Conte.

CAVALIERE *für sich:* Niederträchtige! Mich in meinem Zimmer warten zu lassen!

MARCHESE *leise zum Conte:* Was hat er nur?

CONTE *leise zum Marchese:* Sehen Sie es nicht? Er ist in Mirandolina verliebt.

CAVALIERE *für sich:* Und steht mit Fabrizio herum und spricht über Heirat!

CONTE *für sich:* Jetzt habe ich die Gelegenheit, mich zu rächen. *Zum Cavaliere:* Signor Cavaliere, man sollte sich nicht über die Schwächen anderer lustig machen, wenn man selbst so ein empfindliches Herz hat wie Sie.

CAVALIERE: Was meinen Sie damit?

CONTE: Ich weiß, warum Sie so rasend sind.

CAVALIERE *aufgebracht zum Marchese:* Begreifen Sie, wovon er spricht?

MARCHESE: Mein Freund, ich weiß von nichts.

CONTE: Ich meine Sie. Unter dem Vorwand, ein Weiberfeind zu sein, haben Sie versucht, mir Mirandolinas Herz zu stehlen, das ich schon gewonnen hatte.

CAVALIERE *aufgebracht zum Marchese:* Ich?

MARCHESE: Ich sage nichts.

CONTE: Sehen Sie mich an, und antworten Sie mir. Oder schämen Sie sich vielleicht Ihrer schlechten Handlungsweise?

CAVALIERE: Ich schäme mich, Ihnen länger zuzuhören, ohne Ihnen zu sagen, daß Sie lügen.

CONTE: Mich wollen Sie Lügen strafen?

MARCHESE *für sich:* Das wird immer schlimmer.

CAVALIERE: Wie können Sie behaupten? ... *Zornig zum Marchese:* Der Conte redet puren Unsinn!

MARCHESE: Aber ich will mich doch nicht einmischen!

CONTE: Sie sind ein Lügner!

MARCHESE: Ich gehe jetzt. *Will gehen.*

CAVALIERE: Dageblieben! *Hält ihn mit Gewalt zurück.*

CONTE: Und Sie werden mir Genugtuung geben ...

CAVALIERE: Ja, ich werde Ihnen Genugtuung geben ... *Zum Marchese:* Geben Sie mir Ihren Degen.

MARCHESE: So beruhigen Sie sich doch alle beide. Lieber Conte, was macht es Ihnen schon aus, wenn der Cavaliere die Mirandolina liebt?

CAVALIERE: Ich, und sie lieben? Das ist nicht wahr. Ein Lügner, wer das behauptet.

MARCHESE: Lügner? Damit kann ich doch nicht gemeint sein. Ich bin es ja nicht, der das sagt.

CAVALIERE: Wer denn?

CONTE: Ich. Ich sage es und behaupte es und habe keine Furcht vor Ihnen.

CAVALIERE *zum Marchese:* Geben Sie mir den Degen.

MARCHESE: Nein, sage ich.

CAVALIERE: Sind Sie auch mein Feind?

MARCHESE: Ich bin gut Freund mit allen.

CONTE: Das ist ein ehrloses Benehmen.

CAVALIERE: Oh! Ich schwöre beim Himmel! *Nimmt dem Marchese den Degen weg, der in der Scheide bleibt.*

MARCHESE *zum Cavaliere:* Verlieren Sie nicht den Respekt vor mir!

CAVALIERE *zum Marchese:* Wenn Sie sich beleidigt fühlen, kann ich Ihnen ja auch noch Genugtuung geben.

MARCHESE: Nicht doch! Sie sind zu aufgeregt. *Für sich, bedauernd:* Es tut mir leid ...

CONTE *stellt sich in Positur:* Ich fordere Genugtuung!

CAVALIERE: Die sollen Sie haben! *Will den Degen aus der Scheide ziehen, aber es gelingt ihm nicht.*

MARCHESE: Dieser Degen kennt Sie nicht ...

CAVALIERE: O verflucht! *Zerrt mit Gewalt am Degen.*

MARCHESE: Cavaliere, so geht das nicht ...

CONTE: Meine Geduld ist erschöpft.

CAVALIERE: Da ist er ja. *Zieht den Degen heraus und sieht, daß er nur eine halbe Klinge hat.* Was ist denn das?

MARCHESE: Sie haben meinen Degen zerbrochen.

CAVALIERE: Wo ist die andere Hälfte? In der Scheide ist nichts.

MARCHESE: Ach ja. Ich zerbrach ihn im letzten Duell. Ich dachte nicht mehr daran.

CAVALIERE *zum Conte:* Lassen Sie mich einen anderen Degen holen.

CONTE: Beim Himmel, Sie sollen mir nicht entkommen!

CAVALIERE: Was heißt da entkommen? Ich traue mich, Ihnen auch mit diesem Stück Klinge entgegenzutreten.

MARCHESE: Es ist spanischer Stahl. Keine Angst.

CONTE: Nehmen Sie den Mund nicht so voll, Herr Aufschneider!

CAVALIERE: Ja, mit diesem Stück Klinge! *Geht auf den Conte los.*

CONTE *bezieht Abwehrstellung:* Zurück!

Achtzehnte Szene

Mirandolina, Fabrizio *und* die Vorigen.

FABRIZIO: Halt, meine Herrschaften, halt!

MIRANDOLINA: Halt, meine Signori, halt!

CAVALIERE *Mirandolina sehend, für sich:* Oh, Verfluchte!

MIRANDOLINA: Oje! Mit dem Degen?

MARCHESE: Sehen Sie? Das geschieht Ihretwegen.

MIRANDOLINA: Wieso meinetwegen?

CONTE: Da, der Signor Cavaliere, er ist in Sie verliebt.

CAVALIERE: Ich und verliebt? Das ist nicht wahr. Sie lügen!

MIRANDOLINA: Der Signor Cavaliere in mich verliebt? Aber nicht doch, Signor Conte, da irren Sie sich. Ich versichere Ihnen, daß Sie sich ganz bestimmt irren.

CONTE: Ha, abgesprochen haben Sie sich auch ...

MARCHESE: Man weiß, man merkt ...

CAVALIERE *aufgebracht zum Marchese:* Was weiß man? Was merkt man?

MARCHESE: Ich sage, wenn es so ist, dann weiß man's ... und wenn es nicht so ist, dann sieht man nichts ...

MIRANDOLINA *zum Cavaliere:* Der Signor Cavaliere soll in mich verliebt sein? Er leugnet es doch. Und da er es in meiner Gegenwart leugnet, beschämt er mich, demütigt er mich, gibt mir seine Standhaftigkeit und meine Schwäche klar zu erkennen. Ich muß zugeben: Wäre es mir gelungen, ihm den Kopf zu verdrehen, so hätte ich wohl geglaubt, das größte Heldenstück der Welt vollbracht zu haben. Einen Mann, der die Frauen nicht leiden kann, sie verachtet und schlecht von ihnen denkt, einen solchen Mann darf man wahrlich nicht hoffen, verliebt zu machen. Signori, ich bin eine ehrliche und aufrichtige Frau; wenn ich etwas zu sagen habe, dann sage ich es, und ich kann die Wahrheit nicht verheimlichen. Ja, ich habe versucht, dem Signor Cavaliere den Kopf zu verdrehen, aber ich habe nichts ausgerichtet. *Zum Cavaliere:* Stimmt's, Signore? Ich trieb's und trieb's, aber es war alles umsonst.

CAVALIERE *für sich:* Ach, ich darf nicht sprechen!

CONTE *zu Mirandolina:* Sehen Sie? Er ist ganz verlegen.

MARCHESE *zu Mirandolina:* Er schämt sich, nein zu sagen.

CAVALIERE *zum Marchese zornig:* Sie wissen nicht, was Sie reden!

MARCHESE *zum Cavaliere, sanft:* Sie haben es aber auch immer mit mir.

MIRANDOLINA: Oh, der Signor Cavaliere verliebt sich nicht. Er kennt die Kunst. Und er kennt die Durchtriebenheit der Frauen. Den Worten glaubt er nicht. Den Tränen traut er nicht. Und über die Ohnmachten lacht er sogar.

CAVALIERE: Dann sind also Frauentränen nur Heuchelei und Ohnmachten Verstellung?

MIRANDOLINA: Wie? Das wissen Sie nicht? Oder tun Sie nur so, als wüßten Sie es nicht?

CAVALIERE: Beim Himmel, eine derartige Heuchelei verdiente den Dolch ins Herz!

MIRANDOLINA: Signor Cavaliere, ereifern Sie sich nicht, sonst behaupten diese Signori noch, daß Sie wirklich verliebt sind.

CONTE: Ja, das ist er. Und er kann's nicht verbergen.

MARCHESE: Man sieht's ihm an den Augen an.

CAVALIERE *wütend zum Marchese:* Nein, ich bin's nicht!

MARCHESE: Dauernd hat er es mit mir.

MIRANDOLINA: Nein, Signori, er ist nicht verliebt. Ich sage es, ich behaupte es, und ich bin bereit, es zu beweisen.

CAVALIERE *für sich:* Ich kann nicht mehr! *Zum Conte:* Conte, ein andermal werden Sie mich mit dem Degen antreffen! *Wirft die halbe Klinge des Marchese weg.*

MARCHESE *hebt sie vom Boden:* He! Das Stichblatt kostet Geld.

MIRANDOLINA: Bleiben Sie, Signor Cavaliere, hier geht es um Ihr Ansehen. Diese Signori glauben, Sie wären verliebt. Man muß sie eines Besseren belehren.

CAVALIERE: Dazu besteht keine Notwendigkeit.

MIRANDOLINA: O doch, Signore. Bleiben Sie einen Augenblick.

CAVALIERE *für sich:* Was will sie denn jetzt?

MIRANDOLINA: Signori, das sicherste Zeichen von Liebe ist Eifersucht. Wer keine Eifersucht empfindet, liebt gewiß nicht. Liebte mich der Signor Cavaliere, dann würde er es nicht dulden, daß ich einem andern gehöre. Aber er wird es dulden, Sie werden sehen …

CAVALIERE: Wem wollen Sie denn gehören?

MIRANDOLINA: Demjenigen, dem mich mein Vater bestimmt hat.

FABRIZIO *zu Mirandolina:* Sprechen Sie vielleicht von mir?

MIRANDOLINA: Ja, lieber Fabrizio. Vor diesen Signori reiche ich Ihnen meine Hand zur Ehe.

CAVALIERE *für sich, in höchster Erregung:* Oje! Dem da? Das ertrage ich nicht!

CONTE *für sich:* Wenn sie Fabrizio heiratet, liebt sie nicht den Cavaliere. *Zu Mirandolina:* Ja, heiraten Sie, und ich verspreche Ihnen dreihundert Scudi.

MARCHESE: Mirandolina, lieber ein Ei heute, als eine Henne morgen. Heiraten Sie jetzt, und ich gebe Ihnen gleich zwölf Zechinen.

MIRANDOLINA: Danke, Signori. Ich brauche keine Mitgift. Ich bin ein einfältig Weib ohne Charme und Witz und unfähig, angesehene Männer in mich verliebt zu machen. Aber Fabrizio mag mich leiden, und ich erkläre vor Ihnen, daß ich ihn jetzt heiraten werde.

CAVALIERE: Ja, Verruchte, heirate, wen du willst! Ich weiß, daß du mich getäuscht hast, ich weiß, daß du in deinem Innern frohlockst, mich gedemütigt zu haben, und ich sehe, wie weit du es mit meiner Geduld treiben willst. Du verdientest, daß ich dir für deine Heucheleien den Dolch in die Brust stieße! Du verdientest, daß ich dir das Herz aus dem Leibe risse und allen schmeichlerischen und trügerischen Weibern vor die Augen hielte! Aber das wäre nur eine zweifache Demütigung für mich. Ich fliehe deinen Anblick und verfluche deine Schmeicheleien, Tränen und Verstellungen. Du hast mich gelehrt, welch unglückselige Macht dein Geschlecht über uns hat, und du hast mich zu meinem eigenen Schaden gelehrt, daß man es durch Verachtung nicht besiegen kann, sondern daß man vor ihm fliehen muß! *Geht.*

Neunzehnte Szene

Mirandolina, *der* Conte, *der* Marchese *und* Fabrizio.

CONTE: Nun soll er noch einmal sagen, daß er nicht verliebt ist.

MARCHESE: Wenn er mich noch einmal Lügner heißt, werde ich ihn als Edelmann fordern.

MIRANDOLINA: Still, Signori, still. Er ist fort. Und wenn er nicht wiederkommt und die Sache für mich glimpflich ausgeht, kann ich von Glück sagen. Leider ist es mir gelungen, den Ärmsten zu entflammen, und ich habe mich damit in eine üble Gefahr begeben. Ich will nichts mehr davon wissen. Fabrizio, Lieber, reich mir deine Hand.

FABRIZIO: Meine Hand? Sachte, Signora. Ihnen macht es Vergnügen, den Leuten auf solche Weise den Kopf zu verdrehen. Und da meinen Sie, ich will Sie heiraten?

MIRANDOLINA: Ach, dummer Kerl! Das war nur ein Spaß, eine ehrgeizige Laune! Ich war doch unverheiratet und hatte niemand, der mir Vorschriften machte. Wenn ich erst verheiratet bin, weiß ich schon, was ich zu tun habe.

FABRIZIO: Was werden Sie tun?

Letzte Szene

Der Diener *des Cavaliere und* die Vorigen.

DIENER: Signora, vor der Abreise möchte ich mich von Ihnen verabschieden.

MIRANDOLINA: Sie gehen?

DIENER: Ja, mein Herr ist zur Post und läßt anspannen. Er erwartet mich mit dem Gepäck, und dann fahren wir nach Livorno.

MIRANDOLINA: Verzeihen Sie, wenn ich Ihnen nicht ...

DIENER: Ich kann mich nicht länger aufhalten. Ich danke Ihnen und empfehle mich. *Geht.*

MIRANDOLINA: Gott sei Dank, er ist abgefahren. Aber ich habe noch kein ruhiges Gewissen. Bestimmt ist er recht unzufrieden abgereist. An solchen Späßen habe ich für mein Leben genug.

CONTE: Mirandolina, ob Sie ledig sind oder verheiratet, für mich bleiben Sie immer dieselbe.

MARCHESE: Rechnen Sie jederzeit mit meiner Protektion.

MIRANDOLINA: Meine Signori, da ich jetzt heiraten werde, will ich keine Beschützer, keine Verehrer und keine Geschenke mehr. Bisher hat es mir ja Freude gemacht, aber das war schlecht, und ich habe zuviel gewagt, und ich werde es nie wieder tun. Das ist mein Mann ...

FABRIZIO: Sachte, Signora ...

MIRANDOLINA: Ach was, sachte! Was denn? Was gibt's denn für Schwierigkeiten? Geben Sie mir schon Ihre Hand!

FABRIZIO: Ich möchte doch, daß wir zuerst unsere Pakte schließen.

MIRANDOLINA: Was für Pakte denn? Da gibt es nur einen Pakt: entweder du gibst mir jetzt deine Hand, oder du kannst wieder dorthin gehen, wo du hergekommen bist.

FABRIZIO: Ich will Ihnen ja meine Hand geben ... aber dann ...

MIRANDOLINA: Aber dann, ja mein Lieber, werde ich ganz die Deine sein. Zweifle nicht an mir, ich will dich immer liebhaben, du sollst meine Seele sein.

FABRIZIO *reicht ihr die Hand:* Nehmen Sie, Liebe, ich kann nicht mehr.

MIRANDOLINA *für sich:* Das hätten wir auch geschafft!

CONTE: Mirandolina, Sie sind eine wunderbare Frau; Sie verstehen es, die Männer dorthin zu bringen, wo Sie sie haben wollen.

MARCHESE: Gewiß, Ihre Art ist äußerst verpflichtend.

MIRANDOLINA: Wenn ich wirklich von den Signori einen Gefallen erwarten darf, so möchte ich Sie um einen letzten bitten.

CONTE: Reden Sie nur.

MARCHESE: Sprechen Sie.

FABRIZIO *für sich:* Was wird sie denn jetzt wollen?

MIRANDOLINA: Ich bitte Sie um die Freundlichkeit, sich nach einem anderen Logis umzusehen.

FABRIZIO *für sich:* Bravo! Jetzt merk ich, daß sie mich gern hat.

CONTE: Ja, ich verstehe Sie, und ich lobe Sie. Ich werde gehen. Aber Sie können meiner Hochachtung versichert sein, wo immer ich auch sein mag.

MARCHESE: Sagen Sie: Haben Sie nicht ein goldenes Fläschchen vermißt?

MIRANDOLINA: Ja, Signore.

MARCHESE: Da ist es. Ich habe es gefunden und gebe es Ihnen zurück. Ihnen zu Gefallen werde ich abreisen. Aber Sie können allerorts mit meiner Protektion rechnen.

MIRANDOLINA: Diese Worte sollen mir im Rahmen der Ehre und des Anstands willkommen sein. Da ich jetzt meinen Stand ändere, will ich auch meine Art ändern. Sie aber, meine Signori, ziehen Sie Ihre Konsequenz aus dem, was Sie erlebt haben: zu Nutz und Frommen Ihrer Herzen. Und wenn Sie jemals in die Lage kommen sollten, zu zweifeln oder gar zu wanken und zu fallen, dann denken Sie an die Listen, die Sie gesehen haben, erinnern Sie sich an Mirandolina.

Über den Autor

Carlo Goldoni wurde 1707 in Venedig geboren und starb 1793 in Paris, wohin er sich 1762 vor seinem konservativen dramatischen Gegenspieler Gozzi an das »Theatre des Italiens« geflüchtet hatte und wo er bezeichnenderweise sowohl von Ludwig XVI. als auch nach der Revolution vom Staate eine Pension erhielt. In Goldonis Komödien kristallisieren sich die verschiedenen Strömungen des Umbruchs, der Aufklärung im Venedig des 18. Jahrhunderts in ebenso neuer wie unterhaltsamer, fundamental menschlicher Weise: er erlöst die traditionelle italienische Stegreifkomödie *Commedia dell'arte* aus ihrer starren Bindung an ein festes Repertoire pseudospontaner komödiantischer Versatzstücke (wie Witze oder Serenaden), indem er ihr eine eigene, poetische Sprache gibt, mit ihr die Kluft zwischen sterilem Gebildeten-Theater und oft derbem Volkstheater programmatisch so schließt: »Meine Zuschauer mögen die Einfachheit vor die Preziosität stellen und die Natur vor die Anstrengungen der Phantasie.« Er demaskiert die *Commedia* im wörtlichen wie im übertragenen Sinne, indem er auf seiner Bühne die Würde des Menschen (in völliger moralischer Gleichberechtigung, ungeachtet des Geschlechts oder der sozialen Stellung) vor das Agieren von Masken stellt, ohne jedoch das Fundament der spielerischen Lebensfreude der *Commedia* zu verlassen.

Seine Komik entfaltet sich aus dem allzumenschlichen Zusammenprall von Konvention und Wahrheit des Herzens, daher ist sie nie sarkastisch oder starr didaktisch, sondern sie verdichtet sich, in Benedetto Croces Worten, zur »Komödie der sozialen Beobachtung«, zur Charakter-, Sitten- und Milieukomödie. Goldoni schreibt dazu selbst: »Es trieb mich die unbesiegbare Macht meines Hangs zum Theater, der ich nicht widerstehen konnte. Kein Wunder also, wenn ich auf allen meinen Reisen, an allen meinen Aufenthaltsorten, in allen Wechselfällen meines Lebens, in allen meinen Beobachtungen und sogar bei allem Zeitvertreib stets meinen Geist auf diese Art von Nutzanwendung gerichtet und mir auf diese Weise einen reichen Schatz an Material zugelegt habe, der für das Theater verwendet werden kann.«

Bildquelle

Das Frontispiz wurde der Ausgabe »Le Commedie del Dottore Carlo Goldoni, Avvocato Veneziano, Prima edizione fiorentina«, Bd. 1, Florenz 1753, entnommen. Die Illustrationen entstammen der Ausgabe »Des Herrn Carl Goldoni Sämmtliche Lustspiele«, Leipzig 1770/71.

INHALT